越境の野球史

日米スポーツ交流とハワイ日系二世

森　仁志

関西大学出版部

【本書は関西大学研究成果出版補助金規程による刊行】

もくじ

はじめに

初の海外遠征

一九〇五年四月四日、早稲田大学野球部は日本の野球チームとして史上初のアメリカ遠征を敢行した。

当時の『報知新聞』に、早稲田野球部員M・Oなる人物の「野球隊遠征記」が掲載されている。遠征記によると、四月一三日午前九時にホノルルに上陸した選手たちは、船上での運動不足解消のために午後一時からさっそく練習をはじめた。

練習場となったモイリイリ球場は「一面の芝生にして捕手の後方は三千の観客」を収容できる立派なものだった。練習は船旅の疲れとハワイの暑さで「甚だ見苦しきもの」となったが、見物していた現地の人たちは一お世辞か知らねど賛辞」を送ってくれたという。

図1　1905年アメリカ初遠征時の早稲田大学野球部（早稲田大学大学史資料センター所蔵）

まもなく、ホノルルのプナホウスクール（オアフカレッジとも称した）とアメリカ軍艦オハイオ号の水兵チームの試合があると聞きつけ、午後三時前には練習を切りあげて観戦へと向かった。ここで早稲田の選手たちは、いわゆる「本場」野球のすごみを目撃することになった。

M・Oによれば、「いづれも骨格凛々しき好選手、打力大いに振」るう試合で、とりわけプナホウ側が「心地よきホームランもあり又ブラント〔バント〕、ヒットは頗る巧妙を極め成功せざるは殆ど稀なり」という内容で試合を優位にすすめ、一一対五のスコアで快勝した。

試合後、思いがけない出来事がおきた。勝利に意気あがるプナホウが、突然対戦を要求してきたのである。早稲田側は疲労を理由に対戦を断るが、せめて練習を披露してほしいと迫られた。再び断るのは「勇なきに似たり」ということで、結局、その日二度目の練習を行うことになった。

『日本スポーツ文化史』によると、このときの練習に関して信憑性《しんぴょうせい》はともかく「非常な珍談」が残されている。

早稲田は、アメリカ遠征に旅立つ前に、胸にWASEDAの文字が映える真新しいユニフォームを新調し、あわせて靴も用意しようとしたが、当時の選手は足袋を履いていたので野球用の靴がどんなものかわからなかった。

本を調べると「スパイク」という釘が靴の裏に打ってあるらしい。靴屋や運動具店を探しまわって、なんとか三〇本ほどの輸入ものの釘を見つけだすことに成功。喜んだ部員たちは、一人に二本ずつ配り、左右の靴裏にそれぞれ一本の釘をうちつけて「スパイク靴」を完成させた。

いざ、ハワイでその一本釘の「スパイク靴」を履いてみると、感触がおかしい。もたもたしていると、オハイオ号の選手が声をかけてきた。そこで靴を脱いで、裏返して見せたところ、水兵たちは大笑い。身を捩じらせて笑った。

その後早稲田はアメリカ本土に渡って大学やセミプロのチームなどを相手に七勝一九敗と苦戦した。だが、彼らがこの遠征で日本に持ち帰ったものは多岐にわたり、主なものだけでも、投球でのワインドアップと配球のチェンジ・オブ・ペース、二塁上のコンビネーション、スクイズ、スライディングなどのテクニック、道具では、グラブ（当時は内外野ともミットを使用していた）、そして、スパイクだった。

日布米野球交流

イチローがメジャーリーグ史上に残る記録をつぎつぎと更新する現在に至るまで、太平洋を越えて歴史的にどれほどの野球交流の積み重ねがあったのだろうか。早稲田のエピソードからもわかるように、ハワイは長らく日本球界にとってアメリカ野球にふれることができる最前線であり、米本土との中継地でもあった。本書では、太平洋を跨《また》いだ野球交流の歴史を、これまで頭越しに語られることの多かったハワイ（布哇）に軸足をおいて捉え直すことで、「日米」ではなく「日布米」野球交流史として描き出してみたい。

まず第一章では、アメリカにおける野球の誕生とハワイへの伝播のプロセスを探ることで、ハワイ野球の起源に迫る。アレクサンダー・カートライトは、ニューヨークで野球を「発明」したとされる一八四五年からわずか四年後に、米本土からハワイに渡り、その後一八九二年に七二歳で没するまで同地を終生の住みかとした。「野球の父」と称されるカートライトやその周囲の人々の足跡をたどることで、ハワイ野球の起源をめぐる神話を検証する。

第二章では、ハワイの日系人野球チームの朝日が誕生するまでの経緯とその後の活躍を描く。前章と同様に野球を当時の社会背景のなかに位置づけ、とりわけこの章では多民族社会ハワイの成り立ちと、日系人が置かれた社会的地位にも言及する。これを踏まえ、朝日がハワイの他民族チームとのライバル関係、日系人の世代間の切磋琢磨《せっさたくま》、「母国」日本との対戦など、さまざまな交流を通じて実力を蓄え成熟していく様を明らかにする。

ここまで本書の前半部にあたる第一、二章では、日系球界の成立を促したハワイのグローバルな歴史的社会背景に重点をおいて述べるが、続く次章以降から、より具体的に日米を股にかけて活躍したハワイ出身日系二世選手の個々人の経験に焦点をあてる。

第三章では、ハワイの日系球界が「母国」に送り出した初期の名投手若林忠志に注目する。アメリカ式の投球をすると評価された若林は、来日後しばらく苦戦して打ち込まれ、周囲から日本式の野球に適応する必要性をさかんに指摘された。「本場」アメリカ式のプライドと日本式への適応のはざまで若林がいかに活路を見出し、日本球界を代表する投手にまでのぼりつめたのかを探る。

第四章では、ベーブ・ルースやルー・ゲーリックらが華々しく活躍した日米交流試合と、これをきっかけに誕生した日本のプロ野球の黎明期《れいめい》におけるハワイ出身の二世選手の貢献に迫る。特にプロ球団のたちあげに早い段階からかかわった若林とジミー堀尾文人は、アメリカ式の野球を知る選手としてだけでなく、ときには日米試合の通訳として、またときには選手確保に苦しむ球団の海外窓口までこなし、その後ハワイから二世選手たちが続々と来日して活躍するきっかけをつくった。本章では、プロ野球の創設において、「日米」にくわえて「日布」の交流がはたした役割を再評価する。

第五章では、第二次世界大戦の勃発による「日米」の断絶と「米布」交流の隆盛に焦点をあてる。この時期、日本において野球が敵性スポーツとして弾圧される一方で、ハワイにはジョー・ディマジオらメジャーリーグのスター選手たちが続々とやってきて最高レベルの野球を披露した。アメリカ本土で入隊したメジャーやマイナーのプロ選手たちは、ハワイの基地に送られると現地のリーグ戦に参加してプレーしたため、朝日などに所属する二世選手たちも彼らとの対戦や練習を通じて着実に実力を蓄えていった。本章では、こうした一部の幸運と引き換えに「母国」日本と敵対することになった二世選手たちの経験を掘り起こす。

第六章では、第二次世界大戦中に一旦いびつな形で途絶えた「日米布」交流の復活を描く。戦時中の「米布」交流で実力をつけていたハワイの二世選手たちは、戦後再開された日本のプロ野球で各球団の貴重な戦力として重用された。とりわけこの二世ブームの火付け役となったウォーリー与那嶺要の日布米球界での経験に注目し、最後に本書の結論をまとめて提示する。

近年メディアで注目されるワールド・ベースボール・クラシックなど短期決戦型の国際試合では、「負けられない戦い」、「日本人のスタイル」などの言説を通じて、敵対的な自他意識がうまれやすい。しかし歴史的な視点でみれば、スポーツは「敵（彼ら）」のものとされる技術や人を「味方（われわれ）」に取り込む行為によって、逆説的ではあるが、「対立を通じたつながり」を育んできた。本書は、文化混淆の視点から、プレースタイルや技術によって日米を二分法的に区別し分断することの不可能性について、「日米」ではなく「日布米」の三者間関係を通して描き出す。

太平洋を跨ぐ野球交流の歴史は、「対立とつながり」というスポーツの両義性を内包しつつ、第二次世界大戦を挟んでドラマティックなエピソードを数々生み出してきた。ハワイの日系人野球の歴史に関しては、後藤鎮平『布哇邦人野球史』や永田陽一『ベースボールの社会史―ジミー堀尾と日米野球』といった貴重な著作があり、また日米野球交流史については当事者や関係者による回顧録などを中心に蓄積がある。本書は、これらの書籍を参考にしつつも、雑誌『野球界』の記事をはじめ、そのときその場でその出来事を記した資料を収集して、当時の雰囲気や息づかいが伝わるように意図して執筆した。読者の方々には、ハワイの二世選手をはじめ有名無名の野球人たちの活躍や貢献、日布米球界の意外なつながりなどの発見を楽しんでもらえれば幸いである。

〔注記〕本書では、史料を引用する際には、旧字体を新字体に改めた。また、引用文中の〔　〕内は筆者による補足である。

第1章　ハワイ野球の起源――スポーツの起源をめぐる論争

1　ハワイ野球の実力

「スッキリした外来チーム」の初来日

一九〇七年秋、慶應義塾大学の招待により、ハワイからセントルイスカレッジがやってきた。

この二年前、日露戦争の最中に、早稲田大学の野球部が日本チームとして史上初のアメリカ遠征を成功させていた。セントルイスの来日は、早稲田におくれをとった慶應が、海外チームの初招聘《へい》では負けられないと対抗意識を燃やしたことで実現したといわれる。

一八七〇年代初頭に野球が日本で紹介されて以降、第一高等学校が最強を誇ったいわゆる

「一高時代」を経て、当時は、早稲田と慶應の両校が覇権をかけしのぎを削った「早慶時代」を迎えていた。しかし、早慶戦は双方の応援の過熱で一九〇六年に中止が決定したため、両校が国内に好敵手をみつけるのは困難になっていた。

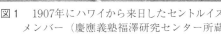

外国人との対戦は、セントルイス戦以前にも、横浜在住のアメリカ人や戦艦で停泊中のチームなどと行われていた。しかし、「初めてスッキリした外来チームの姿を我が邦土に見せた」のはセントルイスがはじめてだった[1]。慶應は、海外からの招待費用を賄うために前売りで入場料を徴収し、これが有料の興行試合のさきがけともなった。一銭であんパン一個が相場の時代に、入場料は一等六〇銭、二等三〇銭、三等一〇銭と決められた。

図1　1907年にハワイから来日したセントルイスのメンバー（慶應義塾福澤研究センター所蔵）

ハワイの雑誌『パラダイス・オブ・ザ・パシフィック』（*Paradise of the Pacific*）によると、セントルイスは来日直前の一九〇七年度シーズンにチャンピオンになった強豪チームで、「エイレット（ハワイアン）、ジョーンズ、フェルナンデス、グリーソン、ブッシュネル、レスリー（パートハワイアン〔いわゆる「混血」のハワイアン〕）、エンスイ、ローオン（チャイニーズ）、ソーアス、エバース、ブランス（ホワイト〔白人〕）」と多様な民族的背景をもつ選手たちで構成され、「〔ハワイ〕準州が送り出せる最高の代表選手たち」だった(2)。

三田綱町球場は、一塁側の柔剣道場の屋根も客席になって観客であふれかえった。興奮が高まるなか、セントルイスの選手たちが紺色のユニフォームに紅色のソックスで颯爽《さっそう》と球場にあらわれた。

セントルイスの実力

入場料を支払ってまで駆けつけた観客たちの期待を裏切らず、セントルイスの選手たちは走攻守のすべてで洗練された技術を披露した。とりわけ、ローオン、ジョーンズ、フェルナンデス、ブッシュネルらの猛打と、エンスイのバントから一挙に三塁まで陥れる快走に球場はわいた。「その強さは横濱アマチユア軍などと比較し得るものではなく、〔中略〕未だ揺籃期を脱し切ってゐなかった我が野球界に大きな刺激を与へた」(3)。実際、「横濱外人」チームは、セントルイスの遠征最終戦で一八対〇と大敗した。

一〇月三一日	慶應	5－3	セントルイス
一一月七日	セントルイス	2－0	早稲田
一一月九日	セントルイス	4－2	慶應
一一月一〇日	セントルイス	4－0	早稲田
一一月一二日	セントルイス	4－0	慶應
一一月一四月	セントルイス	10－1	慶應
一一月一六日	セントルイス	9－2	早稲田
一一月一八日	慶應	5－4	セントルイス
一一月一九日	セントルイス	18－0	横浜外人

慶應は、セントルイス相手に善戦し、初戦は延長一三回の接戦を制して勝利、続く二、三、四戦目は敗れたが、最終の五戦目は一点差で再び勝って二勝三敗の成績を残した。これに対して早稲田は、二回の完封負けを含む三戦全敗とまったくふるわなかった。

早慶の直接対決が中止になっていたために、セントルイスとの対戦を通じて両校の実力を推し量ろうとする声もあり、慶應の優勢を説くものもいた。

全敗した早稲田側にも言い分はあった。部誌『早稲田大学野球部五十年史』は当時のセントルイス戦をこう振り返る。(4)

彼我の技量余りに懸隔あり、思うがまゝに翻弄された。彼等は種々の事情より、〔早稲田との〕第一回、第二回に手心を加え、第三回戦に於いて思う様打ち捲くった。投手レスリーの猛球の如き、当時の本邦野球界には全く見られざるもので、〔中略〕赤子の手を捻る如く扱われた。

〔中略〕彼等が終始真面目に真技量を発揮したならば、常に大敗を招いた事であろう

ライバルの慶應が二勝をあげたことについては、「ハワイは招聘者たる慶應にも此の手を用い、一回より三回迄はよきにあしらい、第四回戦は一撃十対一の大差を示し、十三の安打を飛ばしている」とある。(5)たしかにセントルイスの戦績をみると、慶應との対戦では初戦と最終戦のみ敗れており、招待者に勝ちを譲ったように受け取れなくもない。

実際にはハワイ野球の真の実力とはどのようなものだったのだろうか。本章では、アメリカにおける野球の誕生とハワイへの伝播の経緯を探ることで、ハワイ野球の実力とその「起

源」に迫ってみたい。

2　アルバート・スポルディングの世界一周ツアー

スポルディングの来布

ハワイの野球史をさかのぼってみると、一八八八年にアルバート・スポルディングが世界一周ツアーを行ったとき、すでにホノルルで野球が行われていたという記録が残っている[6]。シカゴのホワイトストッキングスのオーナーで、スポーツ用品店のスポルディング社の創始者でもあった彼は、「ベースボール・ミッショナリー（野球伝道師）」[7]と自らの一行を名づけ、野球普及のためにメジャーリーガーによるエキシビジョン・マッチを世界各地で披露する計画を立てた。ツアーは一八八八年一〇月二〇日にシカゴを出発、アメリカ本土を横断し、ハワイ、ニュージーランド、オーストラリア、セイロン（スリランカ）、エジプト、イタリア、フランス、イギリスなどを経て、ニューヨークからシカゴに戻るという壮大なものだった。

国外で最初の目的地のハワイには、一一月二五日の朝五時三〇分に到着した。ホノルルでは事前に歓迎委員会が設けられ、スポルディングのいとこでハワイ在住のジョージ・スミス

図２　世界一周ツアーのメンバーとアルバート・スポルディング（二列目中央のスーツ姿）。1888年12月にオーストラリアで撮影（アメリカ野球殿堂博物館所蔵）

が委員長をつとめた。ほかにも、チャールズ・ワイルダー、G・K・ワイルダー、ジョン・ルーカス、ハリー・ホイットニー・ジュニア、ジェームズ・ロバートソン、ウィリアム・キニーなどが委員会を構成した。彼らはホノルルの政財界の有力者であり、また、ハワイの名門校プナホウスクールでかつて野球に熱中した選手たちでもあった。

スポルディングたちを乗せたアラメダ号が到着すると、港ではロイヤル・バンドの演奏とともにレイとブーケで盛大に歓迎した。一行はロイヤル・ハワイアン・ホテルで朝食をすませるとすぐにイオラニ宮殿に向い、カラカウア王に謁見《えっけん》した。夕方には、カピオラニ女王の招待により、カラカウア王も同席してルアウ（ハワイ式の宴）でもてなされるなど格別の待遇をうけた。しかし、肝心のエキシビジョン・マッチは、カラカウア王自身も望んだとされるが、結局、実現しなかった。

歓迎委員会により、準備は周到に行われていた。ハワイにやってくるスター選手は新聞で紹介され、マキキ球場のスタンドを増設し、ホノルルでは午後一時の試合開始にあわせて正午で仕事が打ち切られることになっていた。懸念は、船の遅れだけだった。ハワイでは、ブルー・ロー（安息日の過ごし方を細かく規制する法律）によって、日曜日に試合をすることが厳しく禁じられていたからである。

市民の願いもむなしく、アラメダ号は、予定より一日遅れて日曜日に到着した。安息日の例外的処置をもとめる有志によって、到着からわずか一、二時間ほどで一〇〇〇人を超える署名が集められ、イオラニ宮殿からホテルに戻ったスポルディングに手渡された。だが彼は、数分間の熟考の後、訪問先の国のルールを尊重して試合を行わないことを決定した。

試合の中止が決定されると、選手たちはいくつかのグループに分かれ、市民のエスコートを受けてホノルル近郊の街に観光に出かけた。スポルディングは、つぎのような回想録を残している。[8]

ホノルルには四つのクラブが設立されており、野球はかなり本格的でとても好まれていた。もし日曜日に到着するというアクシデントがなかったら、シカゴを出発して以来最も多くの観客が集まっていただろう。

野球起源調査の専門委員会

一八八九年四月六日、スポルディング一行が帰国してニューヨークに到着すると、二日後にマンハッタンにあるレストランのデルモニコスで祝賀会が開かれた。三百名を超える人々が集まったパーティは、後の大統領セオドア・ルーズベルトなど多くの著名人が参加する盛大なもので、小説家マーク・トウェインもそのなかの一人だった。かつて新聞記者としてハワイに滞在した経験をもつ彼は、一八六六年当時を振り返りながらスピーチを行った。[9]

二三年前、わたしは平和で美しい土地、サンドイッチ・アイランド〔ハワイ〕にいました。〔中略〕少年たちは、そこでも野球をしていました！――野球は、猛烈に急発展する一九世紀の推進力、突進、突破、奮闘を体現する、まさにシンボルです。

祝賀会の主催者で、ナショナル・リーグの第四代会長をつとめたエイブラハム・ミルズも壇上にあがり熱弁をふるった。アメリカで深く愛される野球が、当時国内で一般的に信じられていたようなイギリスの遊戯のラウンダーズに由来するものではなく、「愛国心と研究」によってアメリカに起源をもつ事実が立証されたと高らかに宣言した。聴衆が一斉にミルズを称えると、興奮は最高潮に達し、口々に大声で「ノーラウンダーズ」と合唱しながら気勢をあげた。[10]

しかし実際には、彼らの熱狂とは裏腹に、ミルズがいう「愛国心と研究」が具体的にどの調査を指すのかはさだかではなく、その後も起源をめぐる疑問はくすぶり続けた。[11] ジャーナリストとしての功績から「野球の父」と称されたヘンリー・チャドウィックは、友人のスポルディングが毎年発行する『ベース・ボール・ガイド』（*Spalding's Official Base Ball Guide*）の編集をつとめるなど親交があったが、一八六〇年の『ビードルズ・ダイム・ベース-ボール・プレーヤー』（*Beadle's Dime Base-Ball Player*）の出版以来一貫して、野球がイギリスのラウンダーズから進化したものであるとの主張を変えようとしなかった。彼の頑固さは、一九〇三年版『ベース・ボール・ガイド』でラウンダーズ説を再度掲載して、アメリカ起源説を支持するスポルディングを挑発するかのような態度をとっていることからもわかる。

チャドウィックの影響力を考慮したスポルディングは、一九〇五年版『ベース・ボール・ガイド』でイギリス起源説への反論を行うだけでなく、同年ついに「専門委員会」を組織して本格的な調査に乗り出した。野球の起源に関する情報収集の協力を全米に呼びかけ、集まった数多くの証言のなかから結論を導き出す作業は三年にも及んだ。委員長をつとめたミルズは当初、ニューヨークで組織されたニッカーボッカー・ベース・ボール・クラブによるルールの明文化が起源としてふさわしいと考えていた。しかし最終的には、アブナー・グレーブスというひとりの老人からの手紙によって自身の見解を翻すことになった。

一九〇七年一二月三〇日、専門委員会は、「一八三九年にニューヨーク州クーパーズタウンで、アブナー・ダブルデーによって考案された」という結論を発表した。ダブルデーは南北戦争で活躍し、後に将軍になった英雄で、国民的ゲームの「純粋なアメリカ起源」を裏づける人物としては申し分のない経歴といえた。

図3　アブナー・ダブルデー（ニューヨーク公立図書館所蔵）

ダブルデー説への批判

スポルディングとミルズの委員会の「愛国心と研究」によって導き出されたダブルデー説は、後年多くの問題点が指摘されることになる。ジョエル・ゾスとジョン・バウマンは著書『ダイヤモンズ・イン・ザ・ラフ』（*Diamonds in the Rough*）で、大まかに三つに批判をまとめている。[12]

まず第一に、証言者のグレーブスは、一八三九年当時五歳の幼児であり、記憶自体が疑わしい。第二に、一八三九年にダブルデーはウエスポイントの陸軍士官学校で全寮制の生活を送っており、また家族も二年前に引っ越していたため、クーパーズタウンにはいなかった。第三に、ゲームの詳細として、一チームの人数が一一人であること、走者にボールを当ててアウトにできることが証言されているが、これらのルールはベースボールではなくラウンダーズのものである。

これ以外にも疑問は多岐にわたり、たとえば「尊敬すべき紳士」として紹介されたグレーブスが、後に妻を撃ち殺し、精神障害者の施設で生涯を閉じたという事実や、彼の手紙も一九一一年の火事で現存しておらず、実はダブルデーに関するグレーブス証言の大半がスポルディングによりでっちあげられた可能性が高いという批判などがある。

そもそも「専門委員会」を組織したスポルディングの動機も疑わしいものだった。当初、スポルディングは一八七八年の『ベース・ボール・ガイド』で、イギリスのラウンダーズに野球の起源があることを認めていた。しかし、一八八八年の世界一周ツアーで、イギリスの観客から「このアメリカのベースボールというゲームは、子どものときに女の子たちとやったイギリスの古いゲームのラウンダーズと同じじゃないか」という嘲笑を幾度となく受けたことをきっかけに、帰国後の祝賀会でミルズがいわば勇み足で発言した「愛国心と研究」に本気で取り組むことになった。[13]「専門委員会」によって実施された調査は、スポルディングが野球用品の販売で得ていた莫大《ばくだい》な財産を背景に大規模なものとなった。しかしこれは野球の起源に関する結論を導き出すためというよりも、「愛国心」を拠り所に既に準備されていた結論をもっともらしく装飾する大掛かりな演出にすぎなかったともいえる。もちろん、「われわれ」のスポーツの「純粋なアメリカ起源」の喧伝は、スポルディングにとって商業的にも見返りの期待できるものだった。

3 「野球の父」をめぐる論争

「新・野球の父」

ダブルデー神話が崩壊すると、最初にフィールドにダイヤモンドを描いた「野球の父」としての栄誉は、ニューヨークのニッカーボッカーズのメンバーだったアレクサンダー・カートライト・ジュニアの手に渡ることになる。

ダブルデー神話が流布する以前から、ニッカーボッカーズによる一八四五年のルール成文化を重視する言説は目新しいものではなかった。チャールズ・ペバレリーは一八六六年の著書『アメリカの娯楽』（*The Book of American Pastimes*）において、アメリカで最初のベースボール・クラブを結成した人物として、カートライトの名前をあげている。

野球殿堂博物館は、ダブルデー説を根拠として、野球がはじめて考案されたとされるクーパーズタウンに、その「起源」から一〇〇年後の一九三九年に開館した。だが、皮肉なことに、「新・野球の父」カートライトは、この一〇〇周年を期に改めて野球の「発明者」としての役割が見直され、殿堂入りすることになった。彼のプレートには「近代野球の父　塁間を九〇フィートと定め、一ゲーム九イニング、一チーム九選手を確立した」という文字が刻まれている。

野球誕生一〇〇周年を祝うこの年、ハワイでも、カートライトのプレートのレプリカが球場で掲げられ、殿堂入りのセレモニーがラジオで放送された[14]。栄誉をたたえる式典は彼の墓前でも催され、一九三九年六月一二日の紙面で『ホノルル・アドバタイザー』（*Honolulu Advertiser*）が賛辞を掲載している[15]。

ホノルルを我が家とし、偉大なアメリカン・スポーツであるベースボールをアメリカに与えたこの男に敬意を表する。

図4　初代ホノルル消防局長をつとめたアレクサンダー・カートライト（ハワイ州立公文書館所蔵）

野球を「発明」したとされる年からわずか四年後の一八四九年にニューヨークを離れたカートライトは、同年八月にハワイにたどり着き[16]、その後一八九二年に七二歳でヌウアヌ墓地（現在のオアフ墓地）に眠るまでこの地を終生の住みかとした。[17] 一九三三年、ベーブ・ルースがハワイに訪れた際にカートライトの墓前で「野球の父」に敬意を表したことも有名なエピソードとして残る。

ニッカーボッカーズ

アメリカ東海岸のナンタケット島で捕鯨船の船長だったアレクサンダー・カートライト・シニアは、一八一六年にニューヨークに移住し、そこで出会ったエスター・バーロックと結婚、七人の子どもをもうけた。一八二〇年に誕生した第一子がアレクサンダー・カートライト・ジュニアで、少年時代は比較的恵まれた生活をおくっていたとされる。しかし、父親が投資に失敗して財産のほとんどを失うと、一六歳で学校をやめてウォール・ストリートの株屋で小間使いの仕事についた。その後わずか数年でユニオン・バンクの窓口係にまで出世し、一八四五年に同銀行の火事をきっかけに独立、弟アルフレッドとともにウォール・ストリートで書籍文具店のビジネスをはじめた。[18]

このころ、地域の消防団にもボランティアで参加し、オセアナ・ホース・カンパニー三六番という消防団に加入した後、ニッカーボッカー・エンジン・カンパニー一二番に移り活動を継続した。[19] 当時ニューヨークでは、消防団に参加する若者をはじめ多くのビジネスマンが仲間を集めてボールとバットを使用した遊びをさかんに行っていた。カートライトは一八四五年にニッカーボッカー・ベース・ボール・クラブを結成、その際に二〇項目からなるルールを成文化したとされており、これが「野球の起源」として語られるようになった。

カートライト説の限界

カートライトはたしかに野球に熱心な人物だったが、彼を「野球の父」や「発明者」とみなし、そのルールの成文化をもって野球が誕生したとする説には、実は多くの批判が存在する。

ゾスとバウマンは、ダブルデー神話を批判した同じ著書で、ニッカーボッカーズが定めた「規約及びルール」には、カートライトのいわゆる「三つのナイン」（塁間九〇フィート、一ゲーム九イニング、一チーム九選手）が含まれないこと、また、そもそも「規約及びルール」委員会のメンバーはウィリアム・ホイートンとウィリアム・タッカーの二名のみで構成され、カートライトがルールの明文化に協力した可能性は残るとはいえ、「特に重要で排他的な役割をはたしたという証拠はない」と指摘している。[20]

ニッカーボッカーズによるルールが、突然誰かの頭の中でひらめいたわけではない証拠として、ゾスとバウマンは、一七四四年以来、「ベースボール」と呼ばれるゲームのルールが書かれた子供向けの本がいくつも出版されていた事実を重視する。一八世紀から一九世紀にかけてアメリカでは、多くの少年たちがイギリスからきたラウンダーズの形式のゲームを楽しみ、ダイヤモンド状にベースをおいたフィールドで「ツリーストライクスーユーアーアウト（three-strikes-you're-out）」などの決まり事でバットとボールを使って遊ぶゲームはよく知られていた。このため、ニッカーボッカーズのルールは、むろん参照文献が記載されているわけではないが、子ども時代に慣れ親しんだゲームの記憶や、一八二九年に出版された『少年のための本』（*The Boy's Own Book*）、一八三五年の『少年少女のスポーツの本』（*The Boy's and Girl's Book of Sports*）などの本から直接的あるいは間接的にアイデアをいわば「引用」している可能性は否定できない。

野球のルールの素地《そじ》を提供したものとして多く論者がラウンダーズを指摘するなか、デイビッド・ブロックは著書『私たちの知らないベースボール』（*Baseball Before We Knew It*）で、一七四四年出版のイギリスの絵本『小さなかわいいポケットブック』（*A Little Pretty Pocket-Book*）にある「ベースボール」こそが、アメリカ版「ベースボール」の原型であると主張する。(21) ただし、イギリスの「ベースボール」の起源をさらにたどると枝分かれし、ストールーボール、タットーボール、キャットやトラップーボールなどが影響を与えたものとして想定される。起源の探求はそれにとどまらずドーバー海峡をこえてフランスにまでたどり着き、フランスのテック（thèque）とよばれるゲームとイギリスのベースーボールの類似性をあげて、ヨーロッパ大陸との文化的交流の可能性を示唆する。

「野球は単一的直線的な進化の道筋からうまれたのではない」[22]と指摘するブロックの研究が暴いてみせるのは、アメリカの国民的スポーツの起源を語るときに生じる恣意的な取捨選択の問題である。世代・文化間の交流と混淆のなかで現在の形式に近づいてきた野球は、なぜか起源の探究となると、スポルディングほど露骨ではないにしても、アメリカ国内かイギリス発祥説が暗黙の前提となってきた。イギリスからアメリカへの移民と文化移入が重視される一方、より以前から続くイギリスとヨーロッパ大陸の人的文化的交流の歴史は特に理由もなく無視される。しかし、ニッカーボッカーズが提唱したとされる新たなルールも、大げさにいえばどこかの「洞窟の子どもが棍棒で石を打った」[23]時代から長きにわたって試行錯誤をくりかえしてきた歴史の断片にすぎないといえる。

このブロックの指摘からわかるように、起源を求める行為は、ある時期に生じた断続性や非連続的側面に過剰に注目し、歴史・文化的な連続性や共通性を意図的に無視し切り捨てることによってのみ成り立つ。国民的スポーツの「起源」の探求は、ナショナリズムの思想が支配的な時代や社会では、「われわれ」国民の独自性や優秀さを発見し確認する志向を伴いやすく、結果的に、「われわれのすばらしいスポーツ」と「彼らのそれ」とのつながり（連続性・共通性）の切り捨てと隔たり（断続性・非連続性）の強調を促し、ダブルデーやカートライトに象徴される起源神話を誕生させることになる。この意味で、起源の発見は、歴史的なつながりの探求の失敗によって成功する奇妙な行為だともいえる。

4 「野球伝道師」アレクサンダー・カートライト

ジョニー・アップルシード

カートライトは「野球の父」や「発明者」のほかにも、西部開拓時代にりんごの苗木をくばって歩いた伝説的な人物になぞらえて、野球界の「ジョニー・アップルシード」と称されることもある。アメリカ大陸を横断してハワイにいたる旅のなかで、ニューヨークのローカル・ゲームにすぎなかった野球を全米各地に紹介して普及させた逸話がよく知られているからである。

きっかけはゴールド・ラッシュだった。一八四八年一月にカリフォルニアで金が発見されるとニュースはすぐに全米を駆けめぐり、翌年、カートライトは黄金を目指す東部からの人々の大波のなかに身をおく決心をした。

三月一日にニュージャージー州のニューアークを出発すると、フィラデルフィアからピッツバーグまで鉄道を利用。そこで汽船に乗り換え、オハイオ川からミシシッピ川に入って北上してセントルイスを経由、続けてミズーリ川を西方に進んでインディペンデンスに到着。ここからは荷馬車で陸路を西進してひたすらカリフォルニアをめざした(24)。

カートライトは訪れる先々で暇をみつけてはカバンからニッカーボッカーズ時代のボールをとりだして野球に興じたといわれる。即席のチームは、旅路をともにする仲間をはじめ、開拓者や商人だったりネイティブ・アメリカンだったりで、ルールの解説や言い争いの解決には持参したルール・ブックが役に立ったという。

ようやく七月にカリフォルニアへたどり着くと、いわゆるフォーティナイナーズ（四九年組）の熱狂と喧騒の只中で、カートライトは赤痢を発症して体調を崩し、以前ホノルルに住んでいた友人のチャールズ・ロビンソンの勧めでハワイで静養することにした。当初は、ハワイで健康をとりもどし次第、航路で中国を経由してニューヨークに帰る予定だった(25)。

ハワイでのカートライト

一八四九年八月三〇日、カートライトはホノルルに上陸した[26]。この時期はカメハメハ三世の統治時代で、すでに西洋の強い影響下にあった。

もともとハワイ諸島は複数の王によって分割統治されていたが、一七七八年のジェームズ・クックの到着以降、カメハメハ一世が西洋との貿易で手に入れた武器を背景に急速に台頭し、ハワイ統一をはたした。一八一九年、あとを継いで即位した長男カメハメハ二世は、先代の妻で義母のカアフマヌをクヒナ・ヌイ（摂政）として共同統治を行った。カアフマヌはすぐにカプといわれるタブーを撤廃し、厳しい拘束から人々を解放する一方、従来の規範を失った社会は階層構造が崩壊して不安定化し、西洋からの新たな秩序を受け入れる土壌が整うことになった[27]。

一八二〇年、ハワイの混乱をみはからったかのように、アメリカ海外伝道評議会から派遣された最初の宣教師団が到着した。この一団には、ハイラム・ビンガム、アーサー・サーストン、サミュエル・ホイットニーといった著名な宣教師が含まれる。一八二五年にカメハメハ二世が訪問先のイギリスで麻疹に感染して客死すると、わずか一〇歳の弟がカメハメハ三世として即位した。その後も続々と宣教師が来布し、王朝と密接な関係を築くことによって着実に政治的な影響力を強めていった。ビンガムはカアフマヌの援助により宣教師の子供の教育のために一八四一年にプナホウを設立、サーストンの孫ロリンとホイットニーの孫ハリー・ジュニアはともにこの学校で学び、野球を楽しんだという記録が残っている[28]。

一九世紀初頭から半ばにかけて、経済的には、ハワイは太平洋上の交易地として繁栄するようになっていた。当初は、白檀貿易が主流をしめたが、次第に捕鯨産業がとってかわり、ほかにも農産物などの売買も行われるなど急速な発展をとげた。上陸者の数も増加の一途をたどり、一八三四年に五〇〇〇人ほどだったのが、一八四六年には約二万人にのぼり、オアフ島のホノルルやマウイ島のラハイナには貿易会社が設立され、欧米人の社員が常駐するようになっていた[29]。

こうした時期にハワイにやってきたカートライトは、ほどなく永住の意志を固め、知人の貿易商とともに働きはじめた。一八五一年には、ニューヨーク時代にすでに結婚していた妻イライザと三人の子どものデウィット（八歳）、メアリー（六歳）、ケイトーリー（二歳）をハワイに呼び寄せた。不幸にも、家族がハワイに到着してからわずか三日後、末娘のケイトーリーが病死、また後年デウィットとメアリーもそれぞれ二六歳と二四歳のときに若くして亡くなってしまう[30]。

まだデウィットが九歳だった一八五二年に、カートライトは息子を連れてマキキの公園を訪れ、歩幅で距離をはかってダイヤモンドを描き地元の人々に野球を教えたという逸話が残されている。一九三八年、「野球の父」の功績を称えてこの公園はカートライト・フィールドと改名された(31)。

一方、ホノルルで生まれたブルース(一八五三年生まれ)とアレクサンダー三世(一八五五年生まれ)は元気に成長し、兄弟ともにプナホウに通い、野球に熱中した(32)。

カートライトは、一八五二年ごろから独立してビジネスをはじめ、貿易、保険、不動産などで成功をおさめていった。この間、カメハメハ三世、四世、五世、ルナリロ王、カラカウア王と続く歴代の王との関係をふかめ、ハワイの近代化に重要な役割をはたした。カメハメハ三世時代に初代ホノルル消防局長をつとめたことを皮切りに、四世とエマ女王によるクィーン病院の設立に協力し、裁判所の建設では五世から招待されて一緒に定礎石を据え、ホノルル図書館の設立にも尽力、ほかにもエマ女王やカラカウア王といった王族の財政顧問をつとめたりもした(33)。

5　起源神話の解体

伝道師説への疑問

野球を「発明」したカートライトは、こんどは「伝道師」となって、西部開拓地から果てはハワイまで野球をひろめた。このもっともらしいエピソードが一般的に知られるようになったのは、ハロルド・ピーターソンが一九七三年に書いた『野球を発明した男』（*The Man Who Invented Baseball*）の出版によるところが大きい。アメリカ大陸横断の道すがら野球の「たね」をまいてまわった様子が、カートライト自身が書いた日記にもとづいてくわしく描き出されているからである。

しかし、『アレクサンダー・カートライト』（*Alexander Cartwright*）の著者モニカ・ヌシアローネは、カートライトの日記そのものの信憑性に疑問をなげかけている。[34] ピーターソンも著書のなかで、カートライトの息子ブルースがオリジナルの日記を燃やしたことを認めており、これはカリフォルニアやハワイの重要人物の機密事項が書き込まれていたことが理由とされている。しかし幸いにも、もう一人の息子アレクサンダー三世が日記の歴史的価値を考えていわゆる「ゴールド・ラッシュ・ダイアリー」の一部の写しを（筆跡鑑定によるとおそらく業者に代筆を依頼して）手書きで残した。現在ハワイのビショップ博物館に保存されているのは、このときに作成された写しである可能性が高い。

ただ不思議なことに、ビショップ博物館所蔵の日記とピーターソンが引用した日記は内容が異なる。前者にはまったく野球に関する記述がみられないが、後者には野球にまつわるエピソードがしばしば登場するのである。そのわけは、カートライトの孫ブルース・ジュニアが、いくつものバージョンの写しを作成したことにある。当時は、写しといってもコピー機がなかったので、いちいちタイプで打ち直す必要があった。ヌシアローネによると、この際にブルース・ジュニアが、自身が祖父から聞かされた話の記憶やメモなどを頼りに様々な記述を加筆し、ピーターソンはそのうちのひとつのバージョンを手に入れたと推測される。ちなみに、ブルース・ジュニアは、祖父の野球殿堂入りを熱心に後押しして成功させた人物として知られている。

オリジナルの日記が燃やされてしまった今、もともと何が書かれていたのかを正確に知ることはできないが、この時期のほかの人物の「ゴールド・ラッシュ・ダイアリー」を読むと、音楽やダンスなど余暇の記述がしばしば登場するにもかかわらず、野球にまつわる記録はまったくみられないという。もちろん、日記に書かれていないからといって野球を全くやらなかったということにはならない、とヌシアローネは留保しつつも、大陸横断の旅の苦難と資料が示す証拠をみれば、ピーターソンがいうような「野球伝道師」としてのカートライト像は否定せざるをえないと結論づけている。

カートライトの死

一八九二年七月一二日にカートライトがハワイで生涯を終えたとき、コミュニティに多大な貢献をはたした人物にふさわしく、葬儀は盛大にとり行われた。しかし、このときなぜか、野球への貢献に関しては一切報道されなかった。野球誕生一〇〇周年の際にわざわざ彼の墓前でセレモニーが行われたのとは対照的である。

ハワイ大学教授のフランク・アルドリノは、一九世紀の史料調査を通じて、カートライトを「ハワイ野球の父」として語る後世のジャーナリストの言説を批判的に検証している。(35) ハワイでのカートライトと野球のかかわりを証明する資料がほとんど存在しないことを踏まえたうえで、プナホウ卒業生のウィリアム・キャッスルが一九二四年に寄稿した雑誌記事に注目する。

カートライト氏とは、ビジネスでよくやり取りをする機会がありました。ある日彼のオフィスで、〔中略〕むかし野球選手だったんだと聞かされ、驚きました。〔中略〕しかし、彼の野球への興味は相変わらず健在で、最近導入されたプレーを観戦する姿をプナホウで何度かみかけたことを覚えています。かつて自分がニューヨーク時代に学んだプレーとのやり方の違いや新しい特徴についてコメントしていました。

キャッスルは、一八六〇年代にプナホウに通い、アメリカへの留学の後、同校に新しいプレースタイルを導入して正式にベースボール・クラブを設立した人物とされる。これほど野球に熱心なキャッスルが、なぜカートライトと野球のかかわりを知らなかったのだろうか。「ハワイ野球の父」といわれるほどに功績が大きければ、カートライトはかつての野球経験をいわば「告白」する必要はなかったし、それを聞いたキャッスルが驚くこともなかったはずである。また、ニューヨーク時代の野球を回顧する姿からは、技術的な革新に「興味」をもって「観戦」していたものの、最新技術の導入では指導的な役割をはたしていなかったことがうかがえる。そこでつぎにアルドリノが目を向けるのは、新しいプレースタイルを導入したとされるプナホウのベースボール・クラブがハワイの野球史にはたした重要性である。

プナホウの貢献

オバマ大統領の出身校としても知られるプナホウは、一八四一年の設立以来、ハワイ社会を担うエリートを数多く輩出してきた。

初代校長のダニエル・ドール（一八四一－五四）は、学生の野球に理解を示すだけでなく自身でもプレーしたほどで、同校は当初から野球の普及に熱心だった。当時は、卒業生をアメリカの大学に送り出して将来のプナホウ教師としてトレーニングを受けさせ、同時に留学先で出会った優秀な学生を新任教師としてハワイに連れ帰るという仕組みが確立されていた。なかでもマサチューセッツ州のアマースト大学で野球選手だったウィリアム・チカリングは、一八七一年にプナホウへ赴任すると、古典を教える傍ら審判や捕手としてハワイの野球に貢献し、彼のことを「ホノルルの野球の父」と呼ぶものもいた。

キャッスルは、一八六〇年から一八六四年までプナホウに通った後に、二年間オハイオ州のオベリン・カレッジに留学し、彼の『回想録』（*Reminiscences*）によれば、そこで「野球の免許皆伝を受けた」[36]。一八六六年の終わりにプナホウに戻ってみると、まだ古いスタイルでプレーされていたので、当時ニューヨークをはじめ全米各地で行われていた新しい野球を紹介してすぐにベースボール・クラブを設立した。この三年後にキャッスルがハワイ島を旅行すると、野球は「プナホウからの贈り物」と呼ばれ地元の人々によって楽しまれていたという。

一八六六年、ホノルルではパシフィックスとパイオニアズからなる公式リーグが設立され、六月一日のリーグ最初の会議では、カリフォルニア・ナショナル・ベースボール・コンベンションの規定を採用することが決定された。その後野球人気の高まりとともにワンドゥードルズやペンサコーラズなどさらに多くのチームが結成され、一八七五年には、カラカウア王がペンサコーラズ対アスリーツの試合に姿をあらわして野球を観戦した世界初の王となった。スポルディングが一八八八年のツアーで書き残したのもこれらのチームだと考えられる。

リーグ戦に参加した選手の多くは、プナホウで教育を受けたものたちだった[37]。一八六七年八月二四日に『ハワイアン・ガゼット』（*Hawaiian Gazette*）紙に掲載されたパシフィックス対パイオニアズ戦は、ハワイのメディアで報道されたはじめての試合とされる。メンバー表に注目してみると、パシフィックスの投手チャールズ・グーリックは、アメリカ海外伝道評議会が派遣した第三陣の宣教師団のピーター・グーリックの甥で、後にリリオウカラニ女王の内務大臣をつとめた。一方、パイオニアズの捕手アラン・ジュッドは、第三陣宣教師団の医師ジェリット・ジュッドの息子で、父は内務大臣もつとめるなどハワイ政府の行政全般に影響力をもつ人物であった。また、パイオニアズの中堅手で後にスポルディング歓迎委員をつとめたハリー・ホイットニー・ジュニアは、第一陣の宣教師団のサミュエル・ホイットニーの孫で、父のヘンリーはハワイの新聞『パシフィック・コマーシャル・アドバタイザー』（*Pacific Commercial Advertiser*）の創刊者である。

ほかにもプナホウで野球に熱中した人物には、ハワイの政治経済界に影響力をもつ家系のものが多かった。ウィリアム・キャッスルの父サミュエルは、一八五一年にエイモス・クックとともにキャッスル・アンド・クック社を設立し、ハワイ経済を牛耳るビック・ファイブ（五大財閥）の一角として政界でも強権を振るった。ウィリアム自身は、アメリカ系有力白人を中心とした秘密結社ハワイアン・リーグに参加して、ハワイ王朝の権力弱体化を企てたことで知られる。

プナホウの第四代校長ウィリアム・デウィット・アレクサンダーは、審判や公式記録員をかってでるなどして野球を奨励した。彼は一八三二年に到着した第五陣宣教師団のウィリアム・パターソン・アレクサンダーの長男で、イェール大学を卒業後、第四陣宣教師団のドワイト・ボールドウィンの娘アビゲイルと結婚、プナホウでは七年間（一八六四－七一）校長をつとめた。ウィリアム・デウィットの実弟サミュエル・アレクサンダー（妻はエイモス・

クックの娘マーサ）は、兄の結婚で義兄弟となったヘンリー・ボールドウィンとともにサトウキビ・プランテーションの経営を成功させ、彼らのアレクサンダー・アンド・ボールドウィン社はハワイの五大財閥の一角を占めた。

カートライトの息子ブルースとアレクサンダー三世の二人は、プナホウ在学時だけでなく卒業後も野球を行った。一八七三年にワンドゥードルズのキャプテンをつとめたアレクサンダー三世は、五年後にハワイ王族のテレサ王女と結婚、二人の娘をもうけたが、その後離婚し、テレサ王女はロバート・ウィルコックスと再婚した。ウィルコックスは、ハワイ王朝の弱体化をはかるアメリカ系白人勢力に対して一八八九年に武装蜂起して英雄となった人物である。

図５　オセアニック・ベースボール・チームに参加していた当時のロリン・サーストン（後列右から２人目）（ハワイ州立公文書館所蔵）

アレクサンダー三世がワンドゥードルズの二塁手として活躍していた一八七五年、ライバルチームのアスリーツの左翼手はロリン・サーストンだった。サーストンは一二年後の一八八七年に、キャッスルらとともに秘密結社ハワイアン・リーグを組織化し、カラカウア王の権力縮小と議会勢力の強化をはかった。サーストンが内務大臣に就任した後、ハワイアン・リーグ側はさらにカラカウア王に新憲法の承認を武力をちらつかせて迫り、一八八七年七月にいわゆる「ベイオネット憲法」（銃剣による強制憲法）を発布させた。

カラカウア王の死去によって一八九一年にリリウオカラニが即位すると、サーストンは王朝の復権をめざす女王との対立を深めた。一八九三年、サーストン一派はついにクーデターを起こし、一月一七日にサンフォード・ドールを代表とした暫定政府を樹立、翌年にはハワイ共和国を成立させた。共和国はその四年後の一八九八年にアメリカ領として併合され、一九五九年の立州化によってアメリカ合衆国の五〇番目の州となり現在にいたる。

ちなみに、共和国大統領および領土知事を歴任したサンフォード・ドールは、プナホウで野球を奨励した初代校長ダニエルの息子で、パイナップルで有名なドール社の創始者ジェームズは、彼の親戚（いとこの子）にあたる。サンフォードと親交があったカートライトは、ハワイアン・リーグに二人の息子とともに参加し、クーデターのわずか半年ほど前に世を去るが、アメリカによるハワイ併合には賛成していたといわれる。

起源の発明

ハワイに到着後、政財界での活動ばかりが目立つカートライトは、野球とまったく無関係なわけではなかった。アルドリノの研究は、カートライトの二人の息子が野球選手だったこと、リーグの会議がしばしば消防署（カートライトは初代ホノルル消防局長）で行われていたこと、カラカウア王の野球観戦がカートライトの示唆によるものであった可能性、さらに一八九〇年に公開されたハワイアン・ベースボール・アソシエーションの株を購入していた事実など、カートライトと野球のむすびつきを示す痕跡を指摘している。彼が否定するのは、カートライトとハワイ野球のつながりそのものではなく、起源をたったひとりの「ハワイ野球の父」に求めようとする志向である。

ハワイの野球史を振り返れば、ニューヨーク・スタイルの新しい野球を持ち込んだと主張するキャッスルが、一八六六年の終わりにプナホウでベースボール・クラブを設立したとき、パシフィックスとパイオニアズからなる新リーグはすでに同年六月には最初の会議を開き、カリフォルニア・ナショナル・ベースボール・リーグの規約の採用を決定していた。また、プナホウが新しいスタイルをすばやく受け入れることができたのは、キャッスル自身が証言するように、古いスタイルの野球がすでに人気があったためで、初代校長ドールが野球に理解を示し、ほかにも多くの先輩たちが確固たる土壌を築いていたからだといえる。

さらにさかのぼれば、カートライトがハワイに到着する以前の一八四〇年代前半には、すでに野球はさかんに行われており、信憑性はともかく一説ではボストン出身のジェームズ・ブラックがハワイにマサチューセッツ・スタイルの野球を持ち込んだためとされる。いずれにしても当時すでにハワイではバットとボールを使った娯楽は存在し、ククイの木などから作ったバット、ぼろ切れのボール、砂袋のベースを使った「キニポポ（*kinipopo*）」というゲームが親しまれていた。ほかにも、キャッスルがプナホウにベースボール・クラブを設立した年に第四代校長だったウィリアム・デウィット・アレクサンダーは、自身が同校の生徒だった一八四〇年代にはすでに「アイプニ（*aipuni*）」と呼ばれるバットとボールを使った遊びを楽しんでおり、アメリカの娯楽を積極的に推奨した宣教師からの影響もむろん無視できない。

スポルディングは、世界一周ツアーでハワイを訪れた際にカートライトと面会したとも伝えられるが、皮肉なことに、アメリカへ帰国後にダブルデー神話を創出することによって、「野球の父」としての栄誉をカートライトから奪い去る形となった。[38] また、後にカートライト説がダブルデー神話にとってかわると、今度はハワイの野球史におけるプナホウの貢献が覆い隠されることになったが、かといってプナホウを特別扱いすれば、名も知れない無数の人々の貢献を見落とすことになりかねない。起源を無理やり「発見」あるいは「発明」しようとすれば、逆に見失ったり切り捨てたりするものが生じることは先に述べたとおりである。たったひとりの「英雄」や「父」ではなく、数え切れないほど多くの人たちがさまざまな形で貢献することによって、ハワイの野球は漸進的に現在の形へ近づいてきたのである。

注

(1) 橋戸信『野球』(目黒書店、一九二五年)、七九。
(2) *Paradise of the Pacific* (November 1907), 23.
(3) 庄野義信編著『六大学野球全集 上巻』(改造社、一九三一年)、一三一。
(4) 飛田穂洲編著『早稲田大学野球部五十年史』(早稲田大学野球部、一九五〇年)、八二-八三。
(5) 同書、八三。
(6) 以下の記述は次の文献を参照。Frank Ardolino, "Missionaries, Cartwright, and Spalding: The Development of Baseball in Nineteenth-Century Hawaii," *Nine* 10 (2) (2002), 27-45. Monica Nucciarone, *Alexander Cartwright: The Life Behind the Baseball Legend* (Lincoln: University of Nebraska Press, 2009), 124-131.

（7）Ardolino, 36.
（8）Ibid., 38.
（9）Nucciarone, XXV.
（10）Joel Zoss and John Bowman, *Diamonds in the Rough: The Untold History of Baseball* (Lincoln: University of Nebraska Press, 2004[1989]), 41-42.
（11）以下は、Nucciarone と Zoss に加えて次の文献を参照。David Block, *Baseball Before We Knew It: A Search for the Root of the Game* (Lincoln: University of Nebraska Press, 2004). 内田隆三『ベースボールの夢』（岩波新書、二〇〇七年）。
（12）Zoss, 43. 内田、三六-三七。
（13）Zoss, 42.
（14）Ardolino, 41.
（15）"Baseball's First 100 Years Stand as Tribute to the Vision of Its Founder, Alexander Joy Cartwright, of Honolulu," *Honolulu Advertiser*, June 12, 1939.
（16）Ardolino, 29. Nucciarone, 23-44.
（17）Nucciarone, 137-138.
（18）Ibid., 6-8. Harold Peterson, *The Man Who Invented Baseball* (New York: Charles Scribner's Sons, 1973), 97-105.
（19）Nucciarone, 8.

(20) 以下の議論は、Zoss を参照。
(21) 以下の議論は、Block を参照。
(22) Ibid., 104.
(23) Ibid., 94.
(24) Nucciarone, 23-38.
(25) Ibid., 40.
(26) Ibid., 44.
(27) 中嶋弓子『ハワイ・さまよえる楽園—民族と国家の衝突』(東京書籍、一九九三年)、三〇–三一。
(28) Ardolino, 32.
(29) 矢口祐人『ハワイの歴史と文化—悲劇と誇りのモザイクの中で』(中公新書、二〇〇二)、一七–一八。
(30) Nucciarone, 51-52, 91.
(31) Ardolino, 31.
(32) Nucciarone, 60, 77.
(33) Ibid., Chapter 4-8 参照。
(34) 以下の議論は、Nucciarone を参照。
(35) 以下の議論は、Ardolino を参照。
(36) William Richards Castle, *Reminiscences of William Richards Castle* (Honolulu: Advertiser

Publishing Company, 1960), 51.

（37） 以下は、Ardolino、中嶋、Nucciarone に加えて次の文献を参照。Arthur Grove Day, *History Makers of Hawaii: A Biographical Dictionary* (Honolulu: Mutual Publishing of Honolulu, 1984).

（38） スポルディングは、ダブルデー説を発表する二年前に自身が発行する『ベール・ボール・ガイド』でニッカーボッカーズとカートライトのはたした役割の重要さを認めていた。

第2章　ハワイ日系人野球の黎明期——ハワイ朝日の誕生

1　慶應のハワイ遠征

慶應の海外初遠征

一九〇八年七月八日、慶應野球部はホノルルに上陸した。

この慶應初の海外遠征は、前年にハワイからセントルイスを招聘した返礼として招待を受けたことで実現した。港ではセントルイスの選手たちにくわえて、現地に住む大勢の日本人移民が出迎えた。慶應の選手たちはすぐに馬車に揺られて宿泊先となるワイキキの望月倶楽《くら》部《ぶ》にむかった(1)。

つぎにくつろぐ間もなくトロリー電車に乗ってモイリイリ球場に移動した。三年前に早稲田が練習で使用した芝のグラウンドは、日本で土や泥にまみれて練習してきた選手たちにとってはよほど印象的だったらしい。かつての早稲田のM・Oと同じように、慶應の神吉英三も「モエリーの運動場に行く、完全なグラウンドなり、ホームより左右に高く1B、3B迄見物席あり、グラウンドは芝を以て蓋はる」と書き残している。(2)

図1　モイリイリ球場（*The Pacific Commercial Advertiser*, May 25, 1907）

慶應が招かれた野球大会には、セントルイスのほかにも、プナホウ、カメハメハ、ダイヤモンドヘッド、さらに、カリフォルニアの強豪サンタクララ大学も招待チームとして参加していた。

七月一一日、慶應初戦の相手は、ハワイ球界を長年牽引《けんいん》してきた名門プナホウで、早稲田が三年前の遠征で突然対戦を要求されて断った相手でもあった。神吉の日記には、「敵は名高きハンプトンのプナホ」とある。(3) ビル・ハンプトンは、プレートさばきが「芸術的」と評されるほどの名投手で、(4) 彼の評判はすでに慶應の選手たちの耳にも入っていた。

午後一時一五分、プレーボール。慶應はハンプトンを相手に初回からヒットを放ち、二回には神吉が先制のホームを踏んだ。「三塁へスチール、ホームへ又スチールにて見物人もプレーヤーも驚かせてやった」[5]。しかし、試合終盤に追いあげられ、結局九回にサヨナラ負けを喫した。

図2　ハワイの新聞紙上で紹介された慶應野球部のメンバー（*The Pacific Commercial Advertiser*, July 9, 1908）

翌日の『サンデー・アドバタイザー』（*Sunday Advertiser*）紙に試合評が掲載されている[6]。

ハワイのスポーツ大会史上、グラウンドに集まった観客は最多で、興奮は最高潮に達した。慶應は、試合のすべての場面で観客をはらはらさせて非常にすばらしいゲームを行った。しかし結局三対二でプナホウに屈した。慶應の野球はたしかに本物で、初戦の勝利をほとんど手中にしていた。〔中略〕すばやくきびきしたプレーは、観客に人気を博した。

一二日、いよいよセントルイスと昨年以来の再戦をむかえた。日本での対戦では慶應が五戦中二勝をあげていた。これに対してセントルイス戦全敗の早稲田は、招待者慶應の顔を立ててセントルイスが手加減したと主張。慶應の真の実力がこの試合で確かめられる形となった。

セントルイスのラインアップには、昨年来日したブッシュネル、エンスイ、ソーアス、ブランスらが名を連ね、グリーソンはベンチから指揮をとった。先発はアメリカ西海岸のパシフィック・コーストリーグで活躍したバーニー・ジョイ投手で、結局、慶應は三振を七つ奪われて惨敗した。

慶應は、その後もルール解釈の戸惑いなどで遠征の前半は負けが込んだが、中盤以降は「バッティングのすばらしいレベルアップ」(7)もあって徐々に巻き返しをみせ、全日程を終わってみれば七勝七敗と五分の成績を残した。

サンタクララ大学との対戦では、後に慶應野球部の恩人と呼ばれることになるアーサー・シェーファーとの出会いがあった。四番ショートとして一際目立った活躍をしていた彼に、慶應はハワイで臨時コーチを依頼して丁寧な教えを受けた。

大学卒業後にメジャーリーグのニューヨーク・ジャイアンツに入団したシェーファーは、

図3　ニューヨーク・ジャイアンツ時代のアーサー・シェーファー（アメリカ議会図書館所蔵）

一九一〇年に慶應から再びコーチを依頼される。責任感の強い彼は、監督のジョン・マグローに指導方法の教えを請い、そのメモを持参して来日。神戸合宿で三週間のコーチをつとめた。慶應はこの時期に早くもワールドシリーズ優勝経験もある名将マグローの「科学的野球」の教えを間接的に受けていたことになる。その際の指導内容は一冊のノートにまとめられ、慶應野球部の秘伝として残された[8]。ちなみに、シェーファーからコーチを受けた慶應の選手には、三宅大輔（後の初代東京ジャイアンツ監督）が含まれ、後年彼は「近代的野球」の熱心な提唱者となった。

詰めかけた観客

ハワイ在住の日本人移民たちは慶應の来布を熱狂的に歓迎した。『サンデー・アドバタイザー』紙は、慶應の到着を待つ日本人移民たちの高まる興奮を伝えている[9]。

〔ハワイ在留の〕日本人は熱狂し、トーナメントのチケットが続々と売れている。彼らは西洋人の同胞（Western brothers）を見習って応援の練習をしており、試合ではその成果が披露されるだろう。

慶應が初戦を迎えると、日本人移民たちは球場に詰めかけ、練習した応援で大声援を送った。彼らは一塁側のスタンドを占めて、各自が白地に紫色でKEIOと文字が入った応援旗を振った。(10)

続くセントルイス戦でも、前日に引き続き、試合開始前からスタンドは観客で膨れあがり、外野の芝生にも数百人を収容するほどの超満員となった。ハワイ在住の日本人移民が再び大勢で詰めかけ、「天は晴れたり気は澄みぬ、城南健児の……〔原文ママ〕の応援歌の熱声場内の隅々より起りて、意気天を突き今日こそは我が慶軍の勝利と敵も味方も心の中に期した」(11)。ただ、いざ試合がはじまると、ジョイ投手の好投で日本側の応援席から「バンザイ」が聞かれたのは慶應が九回にあげた一点のときのみだった。

ちなみに、交流試合で慶應を応援していたのは、日本人移民ばかりではなかった。『サンデー・アドバタイザー』の紙面には、オアフ鉄道会社で切符係をつとめるジャック・ドイルという人物がたびたび登場する。熱狂的な慶應のサポーターとして「バンザイ」を大声で連呼するため、「バンザイ・ドイル」のあだ名が有名となっていた[12]。また、慶應の選手はグラウンド以外でも「在留日本人のみならず西洋人にも大にモテテ毎日試合がすむと、同地のレデイー（？）〔原文ママ〕に名指しで一人々々招待されて御馳走になった」[13]。

七月一八日、カメハメハとの対戦でようやく遠征初勝利をあげると、試合後は「小さな茶色い選手たちへの大歓声がこだま」した[14]。ハワイのメディアは日本人移民たちの熱狂ぶりを基本的に好意的に伝えたが、きわどい判定で観客が騒いだ試合後には不快感のにじむ記事を掲載した[15]。

激しやすい小さな男たちは大きな身振りをしながら走り回り、権威者らしき人物は観客席の小さな茶色い兄弟たちに向かってさかんに手を振って大声をはりあげるように扇動した。このデモが影響して選手たちはやる気をなくしてベンチに戻り、一時はプレーを拒否するかにみえたが、まっとうなアドバイスで説得されてゲームは続行された。

2　多民族社会ハワイと日本人移民

プランテーションへの労働移民

　慶應を応援した日本人移民とは何者で、なぜここまで熱狂的に応援したのだろうか。その背景を理解するには、ハワイの多民族社会の成り立ちをおさえておかなければならない。実は、この多民族社会の形成にも、野球の名門プナホウの出身者が少なからずかかわっている。

　アレクサンダー・アンド・ボールドウィン社の創設者で共にプナホウ出身のサミュエル・アレクサンダーとヘンリー・ボールドウィンが五大財閥の一角として強勢をふるったことはすでに述べた。その成功は大規模なサトウキビ・プランテーションの経営によるものだった。プナホウで熱心に野球をプレーしたウィリアム・キャッスルの父サミュエルが設立したキャッスル・アンド・クック社も、サトウキビ産業にかかわることで莫大な利益をあげていた。彼らのような白人資本家は、一八五〇年にハワイ王朝が外国人の土地私有を認めたことを契機にサトウキビ産業で莫大な富を築いて経済的な支配体制を確立するが、当時、プランテーション経営者を悩ませた慢性的な問題に、広大な耕地で働く労働者の不足があった。

　当初、白人資本家たちは、ネイティブ・ハワイアンを雇用していたが、その労働力には限りがあった。原因としては、一七七八年のクックとの接触以来、欧米からの移入者がもたらした麻疹や性病などの病気によって人口が激減していたことがあげられる。

そこで安価な労働力を求めてアジアに目が向けられた。一八五二年に最初の契約労働者が中国から移入され、一九世紀の終わりまでに約四万六〇〇〇人の中国人がハワイに渡航したと推定されている。しかし、中国人移民の大多数は、出稼ぎ労働によって故郷に錦を飾ることを目的とした一時滞在者であったため、多くは契約の終了とともに中国に帰国していった。

一八七〇年代に入ると、ヨーロッパ人労働者の雇用が開始された。ヨーロッパからの移民であれば、家族単位でハワイに移入し、安定した労働力をプランテーションに供給できると考えられたためである。一八七七年にポルトガル人が移入をはじめ、その後小規模ながらノルウェーやドイツからの移民も来島した。しかし、長距離渡航による移入コストの増大という問題を解決するため、白人経営者は再びアジアに注目することになった。

日本からの移民は一八六八年にハワイに契約労働者として到着した一五三人の日本人にはじまる。明治元年にハワイへ渡ったため「元年者」と呼ばれる。その後、一時日本からの移民は中断するが、日布修好通商条約の締結に伴い、一八八五年に移民は正式に再開された。これ以降、ハワイに渡る日本人の数は着実に増加し、一九〇〇年には六万一〇〇〇人を超え、ネイティブ・ハワイアンの人口の約三万人を抜いてハワイで最大規模の民族集団となった。

分断統治

一九〇〇年の時点で最大規模の民族集団となりハワイ全人口の約四〇%を占めていた日本人は、この時期以降、民族集団別の差別的な待遇や労働条件の改善を求めてたびたびストライキを決行した。この問題に対して白人資本家側は、当時日本と政治的緊張関係にあった朝鮮からの移民による分断統治を試みた。こうして一九〇三年から一九〇五年までの間に七〇〇〇人をこえる人々が朝鮮半島からハワイへ渡航した。しかし、一九〇五年に第二次日韓協約が締結されて日本が同国の外交権を掌握すると、朝鮮半島からの大規模な移民は途絶え、白人経営者が期待したような日本人に対抗する規模の民族集団を形成するにはいたらなかった。そして、最後の大規模な移民がフィリピンから一九〇七年に開始される。同年から一九四六年までに一二万五〇〇〇人以上のフィリピン人がプランテーションで働くために渡航した。他にも、プエルトリコ人、ロシア人、スペイン人、アメリカのルイジアナ州とアラバマ州からの黒人などがこの時期を前後してハワイに渡るが、大規模な民族集団を形成することはなかった。

プランテーションでは、労働者たちは民族集団別に振り分けて住まわされた。仕事の役割も分担され、ポルトガル人はルナと呼ばれる現場監督になる場合が多く、実質的な農作業はアジア系の移民が担った。さらに、賃金も民族集団別に差別され、たとえばポルトガル人よりも中国人の賃金は安く抑えられ、日本人は中国人よりもさらに低い待遇を受けた。これらの居住地や職業や賃金の差別待遇は、民族集団を横断した労働者の連帯を分断しようとする白人資本家たちの意志のあらわれであった。

日本人移民の生活

日本からハワイへの移民は、その形態により四つの時期に分けられる。まず、一八八五年の移民再開後、日本政府の斡旋《あっせん》によってハワイに渡航した移住者は「官約移民」（一八八五－九三）と呼ばれる。その後一八九四年になると、官約移民は廃止され、政府にかわり民間会社が移民を斡旋する「私約移民」（一八九四－九九）の時代になる。しかし、一八九八年にハワイがアメリカ合衆国に併合され、一九〇〇年基本法によって従来の契約労働移民がアメリカ国法違反になると、労働契約に束縛されることのない「自由移民」（一九〇〇－〇七）の時代がはじまる。続いて一九〇八年になると、日米間で締結された紳士協定に従い、日本から

図4　1899年ごろにホノルルで撮影された日本人契約労働移民（ハワイ州立公文書館所蔵）

の移住は、移民の家族や再入国者に限定された「呼び寄せ移民」（一九〇八－二三）の形態へ移行する。さらに、一九二四年にアメリカで排日移民法が成立すると、日本人の大規模移民は事実上途絶える。しかし、それまでの間に約二〇万人もの日本人がハワイに渡ったと推定されている。

　プランテーションにおける初期の日本人コミュニティでは、まず風呂屋と食堂が副業として成り立ち、続いて理髪、養豚、養鶏、菜園、豆腐屋、こんにゃく屋、魚屋、大工なども日本人の手によって行われるようになった。また、日本式の社会組織もプランテーションに持ち込まれ、仏教団体、頼母子《たのもし》講、県人会、日本人会の支部などによって日本人の連携も強化されるようになっていった。

　一方、都市部でも、一八九〇年ごろには早くも都市の日本人コミュニティが成立しつつあった。都市の日本人移民は、主に倉庫、桟橋、運搬、土木関係等での肉体労働や、白人家庭での労働、他にも行商、食べ物売りなどの仕事で生計を立てていた。一九〇〇年に契約労働が廃止されると、プランテーションから都市へ移る日本人の流れは本格化した。こうした人口移動に伴って、肉体労働から次第に、醬油、味噌、清酒の醸造や、理髪、食堂、写真業などを営むようになり、ほかにも日本領事館で働く行政官、医師、宗教家などが協力しながらコミュニティの基盤を確立していった。二〇世紀初頭になると、新たに日本から渡航してくるもののための旅館が立ち並び、劇場や映画館といった娯楽施設も充実し、日露戦争の活動写真が上映されるなどの賑《にぎ》わいをみせるようになっていた。

一九〇八年の慶應対プナホウの初戦には、普段からの熱心なファンにくわえて、興味本位で野球をはじめてみる日本人移民たちが球場にあふれんばかりに詰めかけた。慶應がハワイ社会のエリートを敵にまわして堂々と戦う姿は、当時社会階層の底辺で苦労していた彼らのプライドを強く刺激するものであったといえる。

3　日系人野球のパイオニア

二世の誕生

出稼ぎから定住へと志向を変化させて生活基盤を整えるのにともない、ハワイ生まれの日系二世[16]の数も急激に増加していった。親たちは子供の教育の必要性を認識し、仏教やキリスト教の宗教家が中心となって各地で日本語学校が設立された。ホノルルの日本語学校の代表的な例としては、一八九六年にキリスト教のマキキ教会創始者の奥村多喜衛牧師が開設したホノルル日本人小学校や、一九〇二年に設立された本願寺付属小学校などがある。

当初、日本語学校は日本人小学校と称され、学校での教育内容も日本の国民教育に準じたもので、天長節の日には学校は休みとなり、教科書も日本の文部省発行の国定教科書を使用していた。しかし、一八九八年にハワイが併合されると、法的にアメリカ市民の資格をもつ二世は、アメリカの公的な教育システムに組み込まれることになった。

仏教系学校が日本式の教育を掲げて続々と誕生するなか、奥村のホノルル日本人学校はすみやかに教育方針の転換をはかった。アメリカの公立学校の教育方針との対立をさけ、日本的な価値や道徳を説く教育ではなく、日本語の習得を主な目的とし、校名も布哇中央学院に変更した。奥村はこの後もアメリカ社会への同化を唱え、仏教系の学校などとはげしく対立したため、「非国民・売国奴」といった汚名をきせられることもあった。

エクセルシア

奥村は、ホノルル日本人小学校を開設してまもなく、いわゆる奥村ホームで寄宿生の受け入れをはじめた。彼が書いた『日本人学生寄宿舎』という小冊子に、野球に関する記述が残されている。[17]

> ベースボールは最も活発な面白き屋外運動の一つで、ホノルルでは頗る盛んでありますが、日本人間は一番初めにベースボール組のできたのは、寄宿舎児童の組織したＪＢＳでござります。

『布哇邦人野球史』の著者で自身も野球少年だった後藤鎮平は、「布哇邦人間に於ける野球の起源は殆ど不明である」としながらも、初の日系人チームとされるＪＢＳ（Japanese Boarding School）が結成されたころの様子を詳しく伝えている。すこし長くなるが引用し

てみよう。(18)

当時布哇八島に於ける唯一の日本人学校である同校に通学しつゝ在る邦人学生間に野球熱が盛んであった。毎日官立学校を終へてよりヌアヌ日本人学校に集まり来ては、学課の開始される三時迄の間、一時間近くも互に野球試合をやって楽しんだものである。当時は是れと云ふチームもなかったので、多くは集まった連中を二組に分けて試合したものであるが、何時の頃よりか知らぬが甲乙二組に別れて何時も勝敗を争ふて居た。其の一は当時布哇八島に於ける唯一の日本人学校に通学せんと各島各耕地より出府して奥村牧師経営の寄宿舎生の一団と、他は同寄宿舎生以外の者を一団とした純ホノルルッ子の一組であった。試合は何時も激烈なものであって、多くは各部所を定めて練習の余暇の多かった奥村牧師の寄宿生の勝利に帰して居た。時々は外敵に挑戦を申込んで甲乙混成軍にて外敵に向って闘ふて居た。

一八九九年頃に「強健なる身体に強健なる精神宿る」という方針のもと誕生したJBSは、一九〇四年に青年部と少年部からなるエクセルシア（日進倶楽部）に再編成される。(19)ビン

図5　エクセルシアの少年たちと奥村多喜衛（前列中央）（Nisei Baseball Project）

ヤードストリート沿いのボーイズフィールドで開催された大会では、一九〇五年に青年リーグで優勝、翌年には年少のエクセルシア二部が少年リーグで優勝した。

その後エクセルシアから、一塁を守った奥村の長男梅太郎がエール大学神学部に進学、三塁の時岡文治は医学、投手の濱本精一は歯科を学ぶなどアメリカ社会に適応して活躍する人物を輩出した。

下町のチーム

『布哇邦人野球史』によれば、「我が奥村寄宿舎組は綺麗にゲームに勝って、綺麗に又敗けて居たけれども、下町組の方はどうして〳〵、試合に敗くれば必ず喧嘩にて勝って居た」[20]。

エクセルシアは実際には寄宿舎生のみで結成されていたわけではなく、ホノルル周辺に住むいわゆる「純ホノルルッ子」も参加していたが、「下町組」の彼らはそれにあきたらずダウンタウンの空き地で試合や特訓を重ねていた[21]。チャイナタウン近くにある出雲大社の前も練習場となったし、リリハストリートやリバーストリート付近の空き地は「無名の大球場」だった。

とりわけ中国人チームとの対戦は荒れることが多かった。ある日、年長の選手たちを応援する少年らが、相手ピッチャーの投球ごとに石油缶を打ち鳴らしてさかんに野次をとばしていると、いらだった中国人応援団の一人が少年を殴りつけて大乱闘に発展。もはや試合どころではなくなって「小さな日清戦争となった」。ここで奮闘したのが後に「邦人球界の元老」と呼ばれる末永道助で、最初に手を出した中国人に飛びかかって散々に打ちのめした。すると死角から右目にパンチをあびせられ一瞬ひるむが、すぐに立ち直って猛然とその相手を組み伏せて鉄拳で前歯二本を打ち砕くという荒々しさだった。

負けん気の強かった下町の選手たちは、練習にも熱心に取り組んだ。夏休みになると四〇人ほどが集まって自分たちでチームを分け、毎日二回ほどの練習試合をして実力をつけていった。一九〇三年頃には、空き地で活躍するリーダー格の選手たちが集まって、新たにＪＡＣ（日本運動倶楽部）が結成された[22]。

ダウンタウンにアアラ公園が新設されると、ＪＡＣの選手たちはそこで猛練習をはじめた。公園の地面がしっかり固まるのを待ちきれずに激しい練習をしたので、グラウンドが荒れて管理人から叱りつけられたというエピソードも残っている。

猛練習の成果もあって、一九〇六年二月には他民族チームとの対外試合でも勝利をおさめるまでに力をつけた。それでもこの翌々週にホノルルのウィンターリーグに所属する強豪の第一〇連隊と対戦した際には、八回まで二塁も踏めず二〇対二のスコアで大敗するなど未熟な「三流以下の弱チーム」であった。ただ、大敗を喫したもののこの日の下町の二世たちの奮闘は「ノーバンザイ・イエスタデー」という記事でアドバタイザー紙上に掲載され、ＪＡＣの存在は地元青少年の枠をこえて「布哇野球界に愈々知らるる様になった」。

一九〇六年四月にリバーサイドリーグが結成されると、ＣＡＣ、チャイニーズ・アロハ（以上は中国人を中心としたチーム）、パラマ（ホノルルガス会社の職人からなるチーム）、ハワイアン・インディペンデント（アアラ付近に住むハワイアン、白人、黒人の混合チーム）とともにＪＡＣもリーグに参加し、アアラ公園で熱戦をくりひろげた。ＪＡＣは苦戦を強いられ、最初のリーグ戦は一勝七敗の成績で最下位に終わった。同年後期のリーグ戦では、エクセルシアから濱本投手を加えるなどして選手の補強を行うが、それでも苦戦が続き、日系人のみのチーム編成には限界があった。

ＪＡＣはチーム力の均衡を図るために、翌年に兄ジャックと弟アイザックのフロラー兄弟を加入させ、その次の年には日系人の選手は三名を残すのみとなった。このため、応援する日系人の姿は次第にまばらになり、またリバーサイドリーグの分裂なども重なって、チームは徐々に衰退していった。

しかし、エクセルシアやＪＡＣで活躍した草分けの選手たちをはじめ、そこにも参加できずに下町の空き地で猛練習を積んだ無名の選手らの情熱、そして彼らを応援する一世たちの支援などが渦となってたしかな産声をあげた日系人野球は、その後急速に力をつけていくことになる。

4　ハワイ朝日の誕生

朝日の結成

早稲田が日本チームとして初のアメリカ遠征を行ったのと同じ一九〇五年、ホノルルで日系人野球チームの「朝日」が誕生した。[23]

夏休みに空き地で特訓した二世のうち、末永をはじめ年長のリーダー格たちはＪＡＣに参加し、これに刺激をうけた年少の弟分たちが中心となって朝日を結成した。早稲田が米本土遠征でハワイに寄航した際にみせた勇姿に影響を受けたともいわれる。結成メンバーで主導的な役割をはたしたスティア野田義角は、当時まだ一三歳だった。

はじめに名前を決めなければならなかった。高級（fancy）な名前がよかった。ずっと好きだった「朝日（Asahi）」を提案してみたら、みんな気に入ってくれたんだ。それで全員一致で朝日を採用した。朝日とは、朝に昇る太陽を意味する。心が温かくなって火照ってくるような言葉だった。(24)

初年度は、野田の兄の政次郎、松内秀雄、松尾哲次、小島鳴夫、東一、大内勇、中村虎雄、枡隅政雄、手島清、西健三などが名を連ね、翌年には、ジミー森山常人、肥田哲夫や、後年『布哇邦人野球史』を著すことになる後藤鎮平などが加わった。

少年たちは、結成当初から積極的に対外試合に挑んで実力をつけていった。ただ、ハッスルプレーでシャツやパンツは泥まみれで、なかには服を破いてしまうものもいて、唯一の心

図6　1906年当時の朝日。前列右から小島鳴夫、山城正義（マスコット）、松内秀雄、後藤鎮平、中列、野田政次郎（マネージャー兼任、抱かれているのは定雄）、野田義角、松尾哲次、森山常人、後列、河本（会計）、大内勇、林佐吉、村上豊、山城栄一（Nisei Baseball Project）

配ごとは母親に叱られることだった。そこで新聞売りをしたり、両親からのお小遣いをためたりして、何とか一ドル三〇セントするユニフォームを購入したが、その年は帽子やスパイクまで一緒に買いそろえることはできなかった。

一九〇七年に、ヌアヌストリート沿いのグラウンドでパウオリーグに加入すると、朝日は一勝八敗と苦戦した。同年の秋ごろには、慶應出身でホノルルの尾崎商店支配人の飯田兼吉をはじめとして、朝日の奮闘に意気を感じた移民一世の世代の有志らが積極的に支援してくれるようになった。日系人の商店主の賛助を募ってチームの運営維持費を賄い、月一回開かれる野球の研究会の後は、「未だ子供の範囲を脱し得ない」選手たちをアイスクリームで喜ばせるなどしてチームを育て強化していった。

優勝決定戦

同じ頃、別の一世たちの支援により「櫻花」が誕生していた。[25] ＪＡＣで活躍した選手を中心とするいわば朝日の先輩格にあたるチームで、日系人野球の草分け的存在の末永をはじめ、野田の兄政次郎なども櫻花でプレーした。次第に、日系人を二分して朝日と櫻花の優劣を論じる声が大きくなり、ついに両チームの対決が実現することになった。実力が認められた日系人チーム同士の対決は今回がはじめてということもあって、ハワイ日系球界初の優勝決定戦と位置づけられた。

ワイキキで行われた第一戦は、朝日が先勝した。この試合に出場した後藤によれば、「選手の喜びは日本海戦に勝利を得た時の東郷元帥の心中の喜びを小さくした程であった」。実際、彼自身も興奮のために「何点にて勝ったか、何うしてワイキキから電車に乗ったかも不明であるが電車上大いに歌って帰った事のみは未だに記憶して居る」。

翌週の再戦前には「市中の前景気は何んとなく殺気を帯びて居た」ほどの盛りあがりをみせ、試合当日アアラ公園には日系人が大勢つめかけた。この試合も接戦となったが、朝日が五対四で勝利をものにした。

朝日にとって櫻花戦での連勝は単なる勝利ではなく、後に日系人野球チームの盟主としての地位を確立しハワイ球界に名をはせる重要な礎となるものであった。

日系人野球リーグの成立

朝日を熱心に支援する一世の有志があらわれた背景には、一九〇七年秋のセントルイスの日本遠征によって日系人のあいだで野球への関心が高まりをみせていたことがある。この頃から、朝日や櫻花以外にも日系人のチームがつぎつぎと結成され、翌年七月の慶應の来布を機に、野球人気はいっきに加熱した。

後藤が誇張気味に「極東球界の覇者、城南の健児、三田の勇者として世界の野球界に知られたる、我が慶應義塾野球部選手は、鷲澤監督に率いられて堂々たる其勇姿を、南国の都に顕した」と伝えているように、とりわけ日系人の野球関係者にとっては待望の来布だった。[26]

同年の秋には、ついに日系人チームのみによるリーグ戦がはじめて行われることになった。このリーグには、朝日二部（朝日の主力以外の選手）、扶桑、常磐、華頂、佛青の五チームが参加した。第一期のリーグ戦は朝日二部が七戦全勝し、第二期は扶桑が全勝したため、一二月にプレーオフが開催され、朝日二部が二勝一敗と勝ち越して優勝をかざった。[27]

その後も、一九一〇年に早稲田がハワイ遠征で訪れ、翌年には慶應が米本土遠征の帰途にハワイで交流戦を行うなど日系球界には大きな刺激が相次いだ。早稲田が来布した年、朝日は実質的な日系人代表チームとしてオアフリーグの下部のジュニアリーグで優勝するまでに力をつけていた。ただ、早稲田との対戦では一〇対〇のスコアで大敗するなどまだ発展途上のチームだった。しかし翌年、来布した慶應の選手によるコーチの成果などもあって、二年連続リーグ優勝をはたして次年度のオアフリーグへの昇格を決め順調に力をのばしていった[28]。

競技人口も着実に増加し、一九一〇年春には、それぞれ万歳・布哇中学校・戊申軍の三チーム、出雲・春日・華頂・阿蘇の四チーム、天狗倶楽部・布哇中学混成団・裁縫組・仏教青年会の四チームによって三つもの日系人リーグが開催され、翌年にも、新年早々にアアラリーグ、大亜米利加リーグの二つのリーグが結成された[29]。

なかでも野球の裾野の広がりを示すものとしては、その名も仰々しい大亜米利加リーグをあげることができる。同リーグの参加チーム名は、蛮襟（バンカラ）、武士野球団、豪傑倶楽部、大名野球団といった堂々たるもので、メンバーの顔ぶれは商店や会社の重役たちだった。中高年が大半をしめる選手たちのレベルはあまりたかいものではなかったが、やる気満々で珍プレーを連発し、グラブを使うのは面倒だといって鼻でボールを受けたり、四球は武士道の恥辱で弱者いじめは美徳に反するといって、二、三フィート（約70～90センチ）も高いボールを空振りして得意満面になったりしていた。

5　二世の日本遠征

布哇中学の日本遠征

一九一三年、布哇中学校（ハワイ本派本願寺が一九〇七年に設立）が母邦見学団を組織して夏休みに日本に旅立った。三カ月の滞在で、各地の見学だけではなく、日本の中学チームと野球の交流戦も行った。もともと布哇中学には朝日で活躍する生徒が多く、同校も野球チームを結成して日系人リーグに参加していた。一九一〇年に早稲田がハワイ遠征を行った際には歓迎と送別の歌を披露するなどの交流もあった[30]。

布哇中学は各地で計一〇試合を行い、強豪校の横浜商業や廣島中学には敗れたが、慶應普通部と早稲田中学には勝利し、五勝五敗の戦績を残した。布哇中学のメンバーは、アンディ山城正義、ウィルフレッド築山長松、東家末男、栗崎市樹、栗崎一樹、村重泰祐、福島義夫、土井初一、岡野實、柿田芳雄、山崎健一、川原権次郎、田代勇らで、なかでも山城、築山、東家、栗崎兄弟などは朝日（および朝日二部）にも名を連ねる選手だった。ちなみに、山城は後にアメリカ本土でマイナーリーガーとして活躍（後に準州下院議員）、築山は日系人初のハワイ州最高裁判所主席判事までにのぼりつめる人物となった。

全日本人の結成

一九一四年五月、慶應が三度目の来布をはたすと、朝日は六対一のスコアでとうとう慶應から初勝利をあげた。慶應はアメリカ東海岸での連戦直後で消耗していたが、それを差し引いても朝日の実力はたしかなものとなっていた。試合ではクレメント森山綱夫の投球がさえわたり、許したヒットはわずか二本、攻撃では山城がセンターオーバーのホームランを放って一挙四点を奪った。慶應がハワイ要塞砲兵チームと対戦した際には、森山が助っ人として慶應チームに参加して勝利をあげた[31]。

同年七月にオアフリーグが開始すると、朝日は並居る強豪を相手に奮戦を続け、四勝八敗の成績を残した。このシーズン終了後、朝日の内部で選手と幹部の間で意見の対立が表面化してチームは分裂、選手たちは新たに全日本人（オールジャパニーズ）を組織することになった[32]。

全日本人は、結成からわずか一年後に解散することになるが、この間に日本遠征を実現させている。遠征費は、試合を観戦するファンに帽子を回して一〇セントや一五セントを募ってなんとか捻出した[33]。

遠征に参加した選手は、野田（義角）、小島、西、岩崎清、間宮春一、荒木健一、天野昇、板村清一、上野保、上野定喜、中村安治で、朝日の創設メンバーの野田が主将をつとめた[34]。

「ぼくらは横浜正金銀行にいくらかの預金があった。それとサポーターたちに助けてもらうように頼んだんだ。日本行きの船は三等席で片道一人五〇ドルもしたからね」。

熊本県出身の両親がハワイに移民した翌年の一八九二年に誕生した野田は当時二三歳で、ハワイで連邦政府に雇用された初の日系人として国税局に勤務し（後に準州下院議員、州上院議員を歴任）、新婚生活をはじめたばかりだった。遠征に同伴した妻のアリスがハワイに渡ったのは五歳のときで日本での記憶はほとんどなく、野田夫妻をはじめ多くの二世の選手にとってはじめて親の母国をみる機会となった。

ハワイ日系人新聞の『布哇報知』紙は、彼らの活躍に期待と一抹の不安をもってつぎのように送り出した[35]。

十一名の多くは布哇に生れ所謂雪を知らざる青年にして常に夢想して止まざりし母国の

山川に親しく接するものなるに於ては定めし一行も愉快を覚ゆるならん、只だ一つ気に掛るは一行に一人の監督なき一事にして諸氏は布哇に於ても品行よく青年の本分を守り居るものなれば万々誤り無きを確信するものなれど苟めにも布哇青年の体面を汚すが如き事無きを心掛けざるべからず

日本での二世

一九一五年九月二一日、一行を乗せた春洋丸は横浜港に到着。すぐに福岡屋ホテルに荷物を置き、芝居見物に出かけた。

翌日、横浜市内観光の後に、午後三時から横浜商業との初戦にのぞんだ。

横浜公園に集まった観客は一〇〇〇人ほどで、同時期にハワイから訪れていた「母国観光団」の日系人の一団も観戦にきて声援を送った。審判はハワイ遠征経験者の深堀政信（早稲田で一九一一年に渡布）、岡野健三（慶應で一九一四年に渡布）がつとめ、横浜市長の始球式でプレーボールとなった。全日本人が試合を優勢に進めて、間宮の打撃、上野のファインプレー、西のキャッチング技術などで観客を唸《うな》らせた。[36] 結果、四対三で「全国中学野球界の重鎮たる横浜商業」を相手に初戦を見事にかざった。[37]

戦評を掲載した『国民新聞』は、とりわけ捕手西と遊撃手間宮を高く評価し、彼らの守備力は「早慶選手に何等遜色もない」とした。一方で「投手は一本槍の然もコントロールのない」のが弱点で、打力も荒木や間宮など一部の選手を除いては「頗る貧弱」で「早慶に向ってはどうしても此打力の相違で到底勝身はないものと断念せねばなるまい」と実力を値踏みした[38]。

二三日、一行は江の島と鎌倉の観光に出かけた。全日本人の岩崎は、来日後の出来事について『布哇報知』に書き送り、「日本上陸最初に感じたのは人情の美しく皆親切な事です」と好意的な感想を寄せた[39]。

ただ実際には、日本での二世たちの反応は様々だった。たとえば、同時期に母国観光団の一員として滞在していた西ヶ谷金剛は、率直に強い嫌悪を表明した。『日布時事』紙の記事によれば、屈託のない性格の西ヶ谷は「母国人士の服装の一定せざるに先づ驚き如何にも醜悪なる感を起したり、曰く何事もセヽこましくて癪に触ること夥し」として、宿泊した旅館の詐欺まがいの商売にも憤りを語った[40]。

一方、全日本人の野田は、横浜上陸後すぐに人力車に乗ったときの印象が強かったらしく、「人間を引く故に何んだか可哀想な気持ちがして乗る気にならなかった[41]」。

二四日、午前一〇時から全日本人は横浜ナイン倶楽部と対戦した。この試合には、初戦で審判をつとめた深堀と岡野も選手として出場した。キャプテンの深堀は、一九一一年のハワイ遠征で活躍した強打者で全日本人の選手にも知られた存在だった(42)。試合は、全日本人が八回までは八対三と大量リードを奪っていたが、九回に一挙五点を奪われて追いつかれ、延長一〇回に一点追加されて逆転負けを喫した。

試合後、一行はその足ですぐに東京に向かい、早稲田が招聘したシカゴ大学との初戦を観戦した。戸塚球場で約一万人の観客が見守るなか、早稲田は三対五のスコアで敗れた。後の対戦でもシカゴ大学には歯が立たず、早稲田は七戦全敗、慶應も三戦全敗した。同時期に来日していた全日本人にとって痛かったのは、観客とメディアの注目のほとんどがシカゴ大学にうばわれてしまったことだった。

興行的な収入で苦しむ全日本人は、試合でも早慶に全敗と苦戦した。特に一〇月六日の慶應戦では、三六対二のスコアで大敗を喫した。この日ベストメンバーで臨んだ慶應は計二四安打を放ち、ビックイニングとなった六回と八回は、それぞれ七安打で一一点、六安打で一二点の大量点を奪った。くわえて全日本人の失策は一一にものぼり、攻撃では三振一〇個とまったくふるわなかった。

惨敗のニュースはハワイにも伝えられ、『日布時事』は「三十六対二！何ぞ其の敗北の惨めなる、布軍遂に早慶の敵に非ざる事は之を以て見るも明々白々」、「布軍は所詮中学チームの雄たる力量以上に出る事が出来ぬ」、「木魚の如くポカンポカンと乱打せられ」と無念さ通り越してあきれ返ったかのような記事を掲載した。(43)

その後も、限られた選手をやりくりして全日本人は連戦を続け、創部して間もない法政大学戦で勝利をあげるなどして、全日程を八勝六敗の成績で終えた。

交錯する印象

一一月二九日、全日本人のメンバーは無事にホノルルに着港した。移民局を通過した野田主将は、電車でたまたま居合わせた日布時事の新聞記者に遠征の感想を語った。

「日本へ行って最も感じたる事は上下の別なく凡ての人がよく働くと云ふ点」で、「凡てが生存競争にて悠々と遊んで居る気は全く何所へやら逃げて仕舞います」。悔やまれるのは、「全く流汗の感がした」慶應戦の大敗や、「総ての試合にあまり多くの入場者がなかったのは市俄古〔シカゴ〕大学選手と殆んど前后に試合をやった故凡て其の方に人気を取られ収入の点に就ては失敗の方であった」ことだった。(44)

野田は遠征中に選手らと一時別れて、妻とともに自らの両親の故郷熊本を訪れ、わずか三時間の後、あわただしく妻の出身地の福岡に移動し、墓参りなどをしてしばらく滞在した。妻は日本滞在中に富士山の頂に積もった雪をみて感激し、また日本人の生活の厳しさを目の当たりにして、「布哇に帰ったら辛抱せねばならぬと云ふ決心を起しました」(45)。

一方、同年にハワイ遠征を行った明治大学野球部の選手たちは、野田夫妻とは対照的な感想を残した。明治は前年の一九一四年にアメリカ遠征を行い、その直後に早慶明で三大学連盟を設立してリーグ戦を展開するなど台頭著しいチームだった。来布した明治は、日本へ旅立つ直前の全日本人と二度対戦して一勝一敗、その後野田ら一行は入れ替わりでホノルルを離れた。結局明治は滞在中に一七戦して六勝一一敗と苦戦した。

明治の佐竹官二監督や藤枝雅脩主将ら選手たちは、『日布時事』の五千号記念に寄せてハワイの印象を語っている。佐竹監督が「全くの極楽です」と表現したように、多くの選手がハワイの気候や自然からくる快適さについて言及した。たとえば大沢逸郎はつぎのような感想を残した(46)。

布哇に実際結構な処だ。毎日〳〵この青々とした芝生に寝転びながら椰子の茂った間から波打ち返へす海上を眺めながらジヤパンでは到底味ふ事の出来ぬ種々の果物が我々の口に入る。面白く笑可しく此の一夏を過せるのは私の一生を通じて長く紀念とし又非常に幸福な事と思って居ります、又来年も来たいなア

実際、試合は土日が中心でスケジュールには余裕があった。また船便の遅れなどの事情が重なって予定よりも滞在期間が一カ月ほど延び、明治の選手たちはかなりのんびりとすごすことができた。中村俊二によれば、この間、「現地では招待攻めだし、たしかにもてた」[47]。ホノルルで盛大な歓待を受けていた選手たちにとって、島の裏側で過酷なプランテーション労働に耐えかねてストライキを繰り返す日系人たちの姿などは想像すらできないことだったのかもしれない。

この過酷な現実を覆い隠すかのように、たしかに日系人社会の歓迎と応援はすさまじかった。大門勝は、「何処を歩いてゐても日本人が至るところに居るものですから、異国に在るの感は更に致しません」と語り[48]、後年『明治大学野球部史』でつぎのように振り返っている[49]。

チームは在留邦人になかなか人気があった。前年遠征した慶大が、中国人チームに敗れ

たときに、中国人がお祭り騒ぎをやって日系人をくやしがらせたようだが、明大がその中国人チームに勝って仇きをとったことも手伝って、〝メイジ・ボーイ〟と大モテだった。

裏を返せば、日系人の関心の高さは、安藤忍が漏らしたように「負けて帰る時などは顔を上げて歩けない」ほどの重圧にもなった[50]。

ほかにも片田亮は、日系人の野球ファンの歓迎ぶりに驚いてこう嘆いた[51]。

布哇と云ふ処は野球が盛んだとは聞いて居ましたれ共も、思たより一層盛で従て趣味を持て居られる人が多いと云ふ事は第一に感じましたが、其の大部分の人が至て野球に趣味の薄い日本人だから驚かないでは居られませんよ、此んな人がドシ〲母国に帰て野球の趣味を吹込んで下されたなら我国も実に盛になるんですがねー

わずか四年前の一九一一年に朝日新聞紙上で野球の弊害を訴える「野球害毒キャンペーン」を経験した明治の選手たちにとっては、ハワイの野球環境がうらやましくもあったとい

える。

明治にとってこのハワイ遠征は得るものも多かったが、一方で、失うものがあまりにも大きすぎた。不幸なことに、辻田道也選手がこの遠征中に病死した。来布当初の二週間ほどは試合に出場したりワイキキビーチで遊んだりと元気だったが、その後体調をくずして入院、チームメートがやむなく帰国するなかで大門が一人残って看病したが、結局回復することはなかった。くわえて、ハワイ滞在中の選手たちの素行について、学生にあるまじき行動があったとして新聞紙上に取りざたされ、それがチームメートの入院中の出来事だったので不謹慎だとの批判が高まり、一時的に休部にまで追い込まれた。

6　朝日の求心力

新生朝日

全日本人は、日本遠征から帰布後に解散し、新たに日本（ニッポン）が結成されることになった。朝日解散のあと混乱が続いたが、遠征参加者をはじめ元朝日の選手たちの多くがこの日本に加入したため、実質的な日系人代表チームとして認識されるようになった。一九一六年四月に米本土遠征の途上に寄航した早稲田との対戦では、一勝一敗（一回戦は日本６対早稲田５、二回戦は日本３対早稲田７）の互角の成績を残して日本遠征での汚名をそそぐとともに、先年の慶應戦勝利に続いて日系人野球の成長ぶりを改めて証明した(52)。

ちょうどこのころ、一〇代半ばの少年達を主力とした新生の朝日が、急激に力をつけはじめていた。朝日が分裂した当時弱冠一二、三歳だった少年たちは、地道に練習を重ねて頭角をあらわし、一九一七年に加入したパシフィックリーグでは、前期リーグ戦を五勝二敗、後期は四勝三敗とまずまずの成績を残した(53)。

同年の大晦日から元日にかけて、日系人最強チームの座をかけて日本と朝日の対戦が実現した。若手チームが先輩格の選手たちに挑む構図は、ちょうど一〇年前に行われた櫻花対朝日の優勝戦を彷彿とさせた。かつて朝日の選手として櫻花の先輩らに挑んだ森山常人は弟の綱夫とともにこんどは日本の中心選手として、次世代の朝日をになう主田賢三や銭村健一郎らの挑戦をうけてたつ側となった（後に森山兄弟は再び朝日の選手として活躍）。結果は、先輩格の日本が意地をみせた。初戦こそ九対八と接戦にもちこまれたものの、元旦の試合は一〇対二と大差で二連勝をかざった(54)。

第一次世界大戦にアメリカが参戦すると、年長者で構成される日本から築山などの選手らが入隊する一方で、朝日は一九一八年にパシフィックリーグで優勝をかざるまでに成長した。これにより日系人の代表チームとしての求心力は朝日に傾くことになった。

ハワイリーグの成立

朝日は、一九一九年のオアフリーグ加入により、その将来を確かなものとした。モイリイリ球場がホームグラウンドの同リーグを運営するのは、ハワイのスポーツプロモーターの草分け的存在であるジョン・ビーベンだった。翌年にはオアフリーグはホノルルリーグに改編され、その後一九二五年に分裂、ビーベンは同年新たにハワイリーグを設立した[55]。

このリーグには、朝日、エルクス（後にワンダラーズに改称）（白人）、フィリピーノズ、ハワイアンズ、チャイニーズ、ブレーブス（ポルトガル人）が参加した。各チームは、それぞれ日系人リーグやポルトガル人リーグなどから優秀な選手をピックアップしてメンバーを構成したので、民族代表チームとして位置づけられた。このため、朝日がエルクスを打ち負かしたときには、白人からの日々の差別へのうっぷんをはらしたかのように日系人が狂喜するなど、それぞれの民族のプライドをかけた戦いとなった。各チームの切磋琢磨によってプレーのレベルは向上し、観客の注目度もますますあがるという好循環がうみだされ、ハワイ球界は同リーグを中心に隆盛期にむかう[56]。

朝日は初年度のハワイリーグでいきなり優勝をかざり、リーグ初の栄誉に歓喜した。勢いにのった朝日は翌年も連続優勝をはたした。同じころ、乱立傾向にあった日系人リーグは、ホノルル市を中心としたホノルル日本人シニアリーグと、オアフ島郡部プランテーションのリーグを統合して新たに発足したオアフ日本人シニアリーグのもとに安定期をむかえ[57]、ここで活躍した選手が朝日のラインアップに名を連ねた。

図7　1930年頃のホノルルスタジアム（サンディエゴ航空宇宙博物館所蔵）

モイリイリ球場の規模に満足していなかったビーベンは、新スタジアムの建設計画に着手し、かつてプナホウで野球選手だった大資本家ウィリアム・キャッスルからの援助を得てホノルルスタジアム・リミテッドを設立。会長にウィリアムの息子でハーバード大学史上最高のピッチャーと讃えられたアルフレッドを据え、ビーベン自身はジェネラル・マネージャーの座についた。そして一九二六年、モイリイリ球場の道向かいの土地に一万六〇〇〇人の観客を収容（後年にさらに観客席を増設）するスタジアムを完成させた。

ハワイリーグは一九二七年五月からホノルルスタジアムに舞台を移し、華々しいオープニングパレードで開幕した。前年優勝の朝日はブレーブスを相手にリーグ開幕試合をつとめ、その後も長年にわたってこのスタジアムで幾多の名勝負をくりひろげることになる。[58]

朝日をはじめ日系人野球の発展期の歴史を振り返れば、日本との交流試合、世代間の切磋琢磨、ハワイの他民族チームとのライバル関係など、さまざまな交流を通じて実力をつけて成熟していったことがわかる。

注

（1）以下、島田明『明治44年慶應野球部アメリカ横断実記―殿堂入り島田善介の生涯』（ベースボール・マガジン社、一九九五年）、一一章を参照。

（2）同書、一〇一。

（3）同書、一〇三。

（4）"Bill Hampton," *Pacific Commercial Advertiser*, July 8, 1908.

（5）島田、一〇三。

（6）"Splendid Baseball Is Feature of Afternoon," *Sunday Advertiser*, July 12, 1908.

（7）"Visiting Teams Win Two Snappy Games," *Pacific Commercial Advertiser*, August 3, 1908.

（8）池井優『白球太平洋を渡る―日米野球交流史』（中公新書、一九七六年）、六七–八二。島田、一五二–一五九。

（9）"Good Baseball Is in Sight." *Sunday Advertiser*, July 5, 1908.

（10）後藤鎭平『布哇邦人野球史―野球壹百年祭記念』（文生書院、二〇〇四年〔野球壹百年祭布哇邦人野球史出版会、一九四〇年〕）、七七。

（11）後藤、七九。

（12）"Keios Defeat the Punahous," *Sunday Advertiser*, August 30, 1908. "Henry Bushnell Pitches Fast and Clever Game," *Sunday Advertiser*, August 31, 1908. 後藤、七八。

（13）庄野義信編著『六大学野球全集 上巻』（改造社、一九三一年）、七一。

（14）"Visitors Took Both Games," *Sunday Advertiser*, July 19, 1908.

（15）"Great Hitting Bee by All-Hawaiians in Eleventh Inning," *Pacific Commercial Advertiser*, July 27, 1908.

（16）ハワイでは日系人を世代ごとに名指しする際に、日本から移民した当事者を「一世（issei）」、現地で誕生した子を「二世（nisei）」、孫を「三世（sansei）」と区別して表現する。実際には、一世と呼ばれるものでも幼少期に親に連れられてハワイに渡ったために現地生まれの二世とほとんど変わらない経験を積んでいるものや、二世でも幼少期に日本に帰されて教育を受けたためにハワイに戻ってから英語で苦労するものなど、世代によって経験を一括りに語ることはできない。本稿では、すくなくとも幼少期から青年期までハワイで教育を受けた「二世」に注目するが、そうした括りを設けたとしても、親の世代が移民した時期の違いによって彼らの年齢や経験は幅広い。

(17) 奥村多喜衛『日本人学生寄宿舎』（マキキ聖城キリスト教会所蔵、一九〇七年）。

(18) 後藤、四九。

(19) 以下、同書、四一、五二―五四を参照。

(20) 同書、五一。

(21) 以下、同書、四九―五二を参照。

(22) 以下、同書、四一―四四、五五―六一、六六―六七、七六、八五を参照。

(23) 以下、同書、六〇―六四を参照。

(24) Asahi 75th Anniversary Steering Committee, ed. *Asahi 75th Anniversary* 1905-1981 (Honolulu, 1981), 11.

(25) 以下、後藤、六四―六六、二八三―二八四を参照。

(26) 同書、七七。

(27) 同書、二八五―二八七。

(28) 同書、九七―九九、一一七―一一八、一六八―一六九。

(29) 以下、同書、九九―一〇〇、一三〇―一三八を参照。この時期、リーグ戦に参加したチーム以外にも多くの日系人チームが誕生した（同書、八九―九〇を参照）。

(30) 以下、同書、一二八-一二九、一九二-一九三を参照。
(31) 同書、二〇二-二〇四。
(32) 同書、一九九-二〇一、二〇八-二〇九。
(33) 以下、Mary Wakayama, "Banzai Noda: Japanese American Pioneer," *Hawaii Herald*, August 3, 1984を参照。
(34) 後藤、二一五。
(35)「遠征の野球団―布哇生の青年遠征」『布哇報知』一九一五年九月一〇日。
(36)「野球選手より―投手岩崎清」『布哇報知』一九一五年一〇月六日。
(37)「日本人遠征組横商を破る」『布哇報知』一九一五年九月二三日。
(38)「布軍は遂に早慶の敵に非ず―国民新聞の布軍評」『日布時事』一九一五年一〇月六日。
(39)「野球選手より―投手岩崎清」『布哇報知』一九一五年一〇月六日。
(40)「母国観光団を京都に迎ふ」『日布時事』一九一五一〇月二〇日。
(41)「生存競争―日本遠征野球団の野田義角君語る」『日布時事』一九一五年一一月三〇日。
(42)「野球選手より―投手岩崎清」『布哇報知』一九一五年一〇月六日。「日本人組敗戦」『布哇報知』一九一五年九月二四日。
(43)「布軍は遂に早慶の敵に非ず―国民新聞の布軍評」『日布時事』一九一五年一〇月六日。「負けも負けたり布軍」『日布時事』一九一五年一〇月二〇日。
(44)「生存競争―ヨ本遠征野球団の野田義角君語る」『日布時事』一九一五年一一月三〇日。

(45) 同記事。

(46) 「布哇に来た感想」『日布時事』一九一五年九月九日。

(47) 中村俊二「ハワイ遠征と部再建」駿台倶楽部明治大学野球部史編集委員会編『明治大学野球部史第一巻』(駿台倶楽部、一九七四年)、四五。

(48) 「布哇に来た感想」『日布時事』一九一五年九月九日。

(49) 大門勝「遠征の思い出」駿台倶楽部明治大学野球部史編集委員会編『明治大学野球部史第一巻』(駿台倶楽部、一九七四年)、四五。

(50) 「布哇に来た感想」『日布時事』一九一五年九月九日。

(51) 同記事。

(52) 後藤、二一六-二二一。

(53) 同書、二一九-二三二。

(54) 同書、二三六-二三七。

(55) George Nellist, ed., *The Story of Hawaii and Its Builders* (Honolulu: Honolulu Star-Bulletin, 1925), 261. Arthur Suehiro, Honolulu Stadium: Where Hawaii Played (Honolulu: Watermark Publishing, 2008), 25–26.

(56) 永田陽一『ベースボールの社会史—ジミー堀尾と日米野球』(東方出版、一九九四年)、二七一-二七二。

(57) 後藤、五一四-五一八。

(58)　Suehiro, 2-3.

第3章　日布米野球交流の発展——二世の「逆輸入」

1　ボゾ若林忠志

アメリカ本土の日系人チーム

一九一三年に布哇中学校母邦見学団が来日して以降、日系人と日本国内チームの交流試合はさかんに行われるようになった。一九二〇年代には、ハワイからの日系人チームが五度来日して試合を行った。一方、アメリカ本土からの日系人チームも頻繁に日本にやってくるようになり、一九一四年にシアトル日本がアメリカ本土の日系人チームとして初来日して以降、一九二〇年代には計八回の交流戦を実現させた(1)。

一九二六年から一九三〇年まで早稲田で監督をつとめた市岡忠男は、こうした日系人チームとの対戦に関して、雑誌『野球界』の「スタクトンチームの感想」という記事で率直な印象を語っている。「内地に来るチームが次から次へと段々と其の素質がよくなって来ることは、争へない事実で、其だけ外来チームが内地のチームと接近した」[2]。

図1　スタクトン大和のメンバー。後列左から2人目が若林忠志、中列左から2人目は主将をつとめた主田賢三（Nisei Baseball Project）

スタクトンチームとは、一九二八年にアメリカ本土から来日したスタクトン大和のことで、一九二一年にカリフォルニアで結成された日系人チームである。チームはハワイ出身の助っ人を主力とし、日本遠征時の主将はかつてハワイの朝日で活躍した主田賢三だった。ハワイ出身の二世がアメリカ本土に渡る理由は経済的な事情を含めてさまざまだったが、主田の場合は野球の腕を買われてカリフォルニアに移り住み、後年、コーストリーグのサクラメント・セネターズとわずかな期間ながらプロ契約も結んだ。

ちなみに当時、スタクトン大和に限らず、アメリカ本土の日系人チームには多くのハワイ出身者が所属し、たとえば西海岸の日系人チームで最強とされたロサンゼルスのＬＡ日本では、主田と同じく後にサクラメント・セネターズに所属したジミー堀尾文人をはじめ、サム高橋吉雄、浜田吾一、川崎悟、伊賀崎政雄などハワイ出身者が中心選手として活躍した[3]。

スタクトン大和は遠征に際して補強のため二名の白人選手を特別参加させ、さらに、途中に寄港したホノルルでも、高橋の友人でマッキンレー高校のエース兼朝日でも活躍していた若林忠志を加入させた。

日米異文化体験

早稲田は、前年の第五回アメリカ遠征で、スタクトン大和との対戦（八対四で勝利）も含めて米本土を横断しながら転戦した[4]。その際、早稲田の選手たちは各地の日系社会の大歓迎ぶりに驚かされた。アメリカ国内の排日感情の高まりのなかで差別的な待遇に苦しむ日系人たちは、早稲田の奮戦に一喜一憂し、たとえばスタンフォード大との一戦で瀬木嘉一郎が四打数四安打を放つと、「在米の同胞は涙滂沱として狂喜した」。

各日系社会の歓迎会では、一行が到着して顔をみせるなり、「あれは投手藤本、水上だ、いや、若い、西村だ、日本のベーブ井口、中津川」などといって、選手の出身地や中学、現在の打率まで知っていた。アメリカの日系人の間でも、日本の運動雑誌が熱心に読まれていたからである。若い二世の女性が密かに集まって選手の美男投票を行い、第一位に選ばれた水上義信が顔を真っ赤にして照れたりもした。怪我をして入院した西村成敏は、「内外の娘達が旅愁と病気を見舞ふために、毎日花をうんと持ってやって来てくれたよ。亜米利加に住む人は何て親切なんだらう。もう一度入院して見てもいゝね」とおどけるほどだった。

ただ、ひとたび日系社会から離れると、勝手が分からずにホテルで自分の部屋を間違って「知らぬ外人の部屋へ飛込んで一喝され、赤面して逃げ帰った」り、「廊下から呼びかけてくる外人が、小脇に抱へて来た洗濯物を出して『おい、ボーイ洗ってくれ』」と間違われて憤慨したりした。

翌年、スタクトン大和が来日した際には、早稲田が前年のアメリカ遠征時に世話になった返礼として大熊会館に招いて会食をした。(5) 来日後のスタクトンの様子を報じる記事では一行の「行儀の良さ」が繰り返し伝えられた。早稲田での会食後にも、わざわざ大学施設の見学を申し出て、ノートにメモしながら説明に聞き入る熱心さで、市岡監督を感心させた。

言葉の面では彼らは「日本語より英語の方が充分容易いので」、たとえば新劇を観たときは言い回しが充分にわからずに苦労したが、喜劇のときは身振り手振りが多かったので何とか楽しめたという具合だった。

慣れない日本式の生活ではいろいろと失敗もした。銭湯では下駄をはいたまま風呂場まであがりこんで注意され、その帰りに旅館でも下駄のまま部屋まで戻ろうとして恥をかいた。ほかにも主田主将はすき焼きが大好物になって食べ過ぎて体調をくずしたり、引率役の小村峰太郎が散髪屋で料金の勘定がよくわからず余計に支払いすぎて理髪師から恐縮がられたりもした。

今回来日したスタクトン大和は、早稲田の市岡監督が「吾々が渡米の際にスタクトンも、通過して其附近のチームに就いて見たところものと、今度来朝したチームの上には稍々違ひがあるやうに思はれる」というように、ベストメンバーではなかった。このため遠征での戦績は、ほかの日系人チームと比べて特別なものではなかった。ただ、このなかで唯一際立って注目を集めた選手がいた。ホノルルから合流した若林で、スタクトン大和の「行儀の良い」チームメートのなかにあって、ハワイでの少年時代はあり余るエネルギーで暴れまわる学校で評判の「悪坊主」だった。

若林の決断

一九〇一年に広島県からハワイに移民した若林幸助は、こまと結婚し、五男四女をもうけた[6]。三男の忠志が誕生したのは、慶應が初の海外遠征でハワイにやってきた一九〇八年のことだった。ほかの兄弟姉妹と同様に、誕生してすぐにホノルルの日本領事館に出生届を提出し、日本とアメリカの二重国籍をえた。ミドルネームは、ヘンリーと名づけられた。家庭では、日本語と英語がまぜて使われた。

ワヒアワでの少年時代は手のつけられない腕白で、それだけに父から厳しくしつけられた。八歳のときには教育勅語をそらんじることができるようになっていた。小学校の四年生になると、日本式の厳しい教育を行う大和学園の寄宿舎に入れられた。その後、サトウキビ・プランテーションのストライキで日本人労働者たちが大和学園に立てこもると、今度は曹洞宗の崇洞寺にあずけられて、毎朝本堂や庭の掃除をしたりもした。ただ、それでもおとなしくならずに、手を焼いた和尚から実家に追い返されてしまうほどだったという。

ホノルルのマッキンレー・ハイスクールに入学すると、アメリカンフットボールに熱中した。この頃、ボゾというあだ名がつけられた。崇洞寺で坊主（ボウズ）頭にされたことに由来するとか、「悪坊主」がなまったものだとか、スペイン語で鼻下の産毛を意味する bozo

に由来するなど諸説あるが、いずれにせよこれがあだ名として定着した。

公立学校のマッキンレーは、当時「ヨコハマ・ハイスクール」と呼ばれるほど日系人の生徒が多かった。白人エリートの生徒が通うプナホウと対戦するフットボールの試合は、異様なもりあがりをみせた。

ある日の試合中、若林はタックルと同時に後頭部を蹴られて入院を二カ月する重傷を負った。これをきっかけに、父の反対もあってフットボールを断念せざるをえなくなった。

仕方なく一七歳のときから本格的にはじめた野球で、若林は才能を開花させた。当初は捕手を志願したが、一学年上の上級生に不動のレギュラーのカイザー田中義雄がいたために、肩の強さを活かせる投手に転向した。

図2　ジョニー・ウィリアムス（*The Pacific Commercial Advertiser*, October 19, 1907）

メジャーリーガーのレフティ・グローブやカール・ハッベルの写真を部屋にはりつけ、投球フォームをまねて、「彼らのように左足をウンと高くあげ、投げた瞬間右手をウンと低く伸ばすフォーム」[7]を繰り返した。野球部部長ルイス・カーペンターのはからいで、デトロイト・タイガースの元投手のジョニー・ウィリアムスからピッチングのコーチを受けたりもした。ホノルル・ジョニーとも呼ばれたウィリアムスは、ハワイ出身の初のメジャーリーガーで、選手としては目立った成績を残せなかったが、故郷の後進の指導には熱心だったといわれる。

若林は、高校でのデビュー戦こそノックアウトされたが、わずか二カ月ほどで高校球界ナンバーワンの投手といわれるまでに急成長した。朝日がすぐに目をつけ、高校在学中に、民族のプライドをかけたハワイ最高峰のリーグ戦のマウンドにもたつようになった。一九二七年に早稲田がアメリカ遠征の帰りに寄港した際にも、朝日の二番手投手として対戦した（早稲田6対朝日3）[8]。剛腕でならした若林は、この朝日時代にナックルボールを覚え、打者のタイミングを外すテクニックの基礎を教えられた。

カリフォルニアのセントメリーズ大学から特待生待遇で誘われ、コーストリーグのサンフランシスコ・シールズからもスカウトされたといわれるが、父が強固に反対して許さなかった。ちょうどそのころ、日本遠征に向かうスタクトン大和から勧誘があった。こんどは、部屋に閉じこもって断食までして父に反抗し、日本行きの許しをえた。後年、若林は回想してつぎのようにふりかえっている。「オーバーにいえば、意識していないところで血がさわいだんだね。父親は反対したんだ。ぼくはまたすぐにふてくされてね。日本行きを許してくれないなら……と二日間、自分の部屋に閉じこもってがんばったよ。あれが運命の日、だったねえ」(9)。

2　若林の日本球界入り

初来日の印象

若林は、はじめて船から日本をみたときのことを「あのときの感動はいまでも手にとるように覚えている。船から横浜の町がみえはじめたとき、思わず目がしらがくもって……」と語っている(10)。だが、いざ船をおりてみると「〔関東大震災の〕震災後の復旧ははかどっていないし、道路はデコボコだし、旅館は汚れているし、それに第一、常夏の国から夏の洋服を着てやってきたので寒くてたまらず、富士山の好印象などいつの間にか吹飛んでしまった」(11)。

四月五日、スタクトン大和の来日初戦は、対法政大学。この試合後、審判をつとめた二出川延明は、若林をこう評した(12)。

投手の若林君は球速と云ひカーブと云ひ立派なもので、特にアンダスローで投げて来るボールは大したものでした。が君にして更にクロスファイヤをもっと投げたならば、よりよき成績が挙げ得られた事と思はれる。君の投球で一番恐ろしい処は低目のコーナーボールで、現在の我大学リーグの打力では一寸打科し得ない程の凄味を持ってゐる様に思へた。

『アサヒスポーツ』の紙面では、早稲田元監督で後に学生野球の父と称される飛田穂洲が、粗削りだが将来性の高い投手として若林を紹介した。[13]

彼は布哇朝日の投手で僅かに二十歳の青年であるが、身長五尺八寸の立派な体格を持ち、相当の球速を有してゐる。投球のフオームは稍セヽコマしく美しくはないが、プレートの変化に富み、種々の投球法を心得て此等を生してゐる。腕に延びがなき為め一杯の球速を出し得ない憾みはあるがカーヴも二種類を蓄へ、ス軍随一の投手たるはいふまでもない。

一方、若林も試合を通じて日本の選手たちの人柄や価値観にふれ、とりわけ礼儀正しさは印象に残った。[14]

日本の野球に就いて最も感心させられたのは、審判に対して選手は殆んど不服を云はない。明らかに誤審であっても、一度び審判の宣告が下ると断念めて、不愉快な感情も一掃してゲームを進めてゐる事であった。

法政からの誘い

日本球界と若林が互いに好印象を抱くなかで、法政が獲得に乗り出した。明治も声をかけたが、熱心さでは法政が上回っていた。一九二五年に正式に発足した東京六大学野球では、早稲田・慶應・明治の三校が優勝を争い、法政は東大や立教とならぶBクラスの弱小チームだった。また、鈴木茂、吉田要の両エースが兵役で不在という苦しい台所事情もあった。このため、法政は若林の来日初登板からわずか九日後の四月一四日に入学交渉を行い、その翌一五日には、『東京朝日新聞』で若林の法政入りがさっそく発表された。[15]

これはハワイの日系球界にとっても、大きなニュースだった。慶應の初来布を期に日系人リーグを組織化し、ホノルルの民族対抗リーグで切磋琢磨を重ね、アメリカ本土の日系球界もリードした彼らは、同時に日本球界とも交流を深めるなかで、ついに若林を助っ人として逆に日本に送り出すまでに成長したのである。若林の法政入りについて『日布時事』の記事はこう期待を寄せている[16]。

早慶を破って覇業を成す日　それは只単に若林投手父子のみの願ひではない。若林を知る程のハワイのファン全体の希望である。慶か早に入れば日本現代第一の投手として謳はれてゐるだろう処の若林君が、二流軍の法政に入って、其の覇業を成すことは、一層に意味が深い。それ故に若林君が希望を遂げて大きな土産を持ってハワイの土を踏むの日の早きを切に祈りたい。

若林投手問題

若林と法政の交渉はスムーズに運んだ。しかし、新聞発表があった一五日、東京六大学のリーグ戦のメンバー交換の席で、若林の登録をめぐって明治をはじめ他大学から猛抗議があった。このときの経緯を、『国民新聞』が詳しく伝えている[17]。

記事によれば、アメリカ遠征中で不参加の慶應をのぞく、明治・早稲田・東大・立教の四大学が揃って若林の登録を保留した。これに憤慨した法政が逆に明治の田部武雄の選手資格（詳しくは後述）に不服申し立てをして議論は紛糾した。結局この夜は意見が対立したまま結論が出ず、仕切り直して再び会議が行われることになった。

二〇日午後二時からの代表者会議ももめた。リーグ脱退の覚悟をもって意見を戦わせた法政は、八時間に及ぶ議論のなかで次第に反対意見におされるようになり、ついに若林の出場をあきらめることを約束した。

東京六大学野球連盟は翌日声明文を発表した[18]。

近時動もすれば、学生野球が商売化するとの傾向ありとの世評に鑑み、其の選手資格を厳重にする必要を認めて正式の課程を踏んで文部省の大学令及び専門学校令による大学予科若しくは専門部の学生でなければリーグ戦の選手となり得ない申し合わせが〔三月二五日の会議ですでに〕してあったのである。

声明文によれば、若林に出場資格がないのは、けっして外国人だからではない[19]。事実、

「往年早稲田大学のチーム中に支那人趙〔子倫〕君が選手となって居られた先例もあ〔る〕」。両者のちがいは、趙の場合は「正式に日本の中学を卒業されて早大に入学せられた」のに対して、若林は「〔法政に〕入学し得られたのは外国人であるからとの特権をもって許されたのであって、若し日本人であれば全然入学の資格のない人である」[20]。

つまり、連盟の見解は、若林を入学させた「法政大学当局の態度には何等異存もなく又リーグにてそれを云々とする資格もない」が、「正式に日本の課程を踏んで入学」しない限り、リーグ戦への出場資格はないというものだった。入学は問題ないが、野球はさせない、というわけである。

なぜ連盟はこれほどまでに「正式に日本の課程を踏む」ことにこだわったのか。声明文にあるように、これは「学生野球の商売化」批判への対応であり、より直接的には、明治の田部の出場資格をめぐる問題が背景にあったと考えられる。

田部は、広陵中学を一年で中退後、満州にわたり大連実業で働きながらプレーした。その後一九二七年に、広陵中学に復学し、二一歳で甲子園の選抜大会に出場して準優勝。再び退学して大連へ去ると、翌年三月八日に突然明治の選手として姿をあらわし、関西大学戦に出場した。するとすぐにこの不可解な出場をめぐって明治が田部を買ったという批判がまきおこった。

結果、連盟は三月二五日に会議を開き、「正式に日本の課程を踏んで入学」したことをリーグ戦出場の資格とする申し合わせを行った。こうした一連の動きのなかで若林は、「リーグの選手資格としては中学校卒業の専門部学生と同一視することは出来ない」として、選手登録を拒否されることになった。

当時、若林は「色々と残念さや何かで胸が一杯になるので一切白紙を守る」と多くを語らなかったが[21]、後年、「そのいきさつを聞いてなお、私はよけいに、なんとしてでも法政のユニフォームを身につけて、早慶明をやっつけてやろうという敵愾心に燃えた」と振り返っている[22]。

この問題に関しては、若林を擁護する声もあった。『野球界』の記事で「若林投手問題是非」を論じた伊藤黎二は、「単にファンとしての『感情』から云へば、五大学のとった態度は少し強すぎる。若林君は外国人ではない」、「国籍こそ二重であれ立派な日本人である」と同情的だった。また、六大学の選手争奪戦やプロ化批判については、正式な課程であるはずの中学校の野球部でも「是と目ぼしい選手があると三年も前から見当をつけて置いて、コーチがゆく。〔中略〕だから今の日本中の中学校で、六大学の『色』の多少ともついてゐない学校は、一つも有りはしないではないか。そして若しその選手が非常に有望なら、学資を大学の野球部が出してやる。是では技術を売って、学校に籍を置くに等しいではないか」として、暗に若林だけが特別な存在ではないと指摘した。[23]

結局若林は、リーグ戦の出場資格に日本の中学校卒業の経歴が必要であればと、横浜の本牧中学に編入して翌年の卒業を待った。そして編入直後に、日本国籍の離脱を届け出て二重国籍を解消している。[24]このときに二重国籍を解消した動機は明らかではないが、若林はこれ以降日米の狭間で自らの国籍や生い立ちを少なからず意識させられることになる。

3 「日本式」と「米国式」野球

思わぬ挫折

一九二九年四月、若林は晴れて法政に入学した。

四月二一日、若林が待ち焦がれた東京六大学野球の開幕。神宮球場に詰めかけた大観衆の注目を浴びて早稲田戦のマウンドに立った。

しかし、周囲の期待とは裏腹に、一回に三点、三回に五点、五回にも三点と失点を重ね、計一一失点と打ち込まれた。コントロールが定まらず、ボークがらみの失点もある大乱調だった。翌日の『東京朝日新聞』では、後に早稲田実業で王貞治投手を率いて甲子園で優勝した久保田高行が、「ネット裏から」と題した記事でつぎのように評している。[25]

豪球と豪球の鉢合せである、然し若林君はその第一戦にあまりに粗雑なピッチングを演って衆望を裏切り、折角芽生えた法政の闘志を殺いで了った様だ。今後宜しく彼のいわゆる米国式投球を放棄して完投を見せるべきだ。

四月二四日の立教戦、若林は再び先発のマウンドにたった。二回にヒットと四球とエラーも重なってノックアウト、交代した投手も打ち込まれて二〇対九のスコアで大敗した。『野球界』では若林に対してつぎのようなアドバイスがされている。[26]

若林は今日も頗る散漫なピッチングをみせた。〔中略〕あ、迄細かく攻める本邦式の野球に対すると忽ち馬脚を露はした。今後はいよいよ精緻な本邦式の投球をされん事を望みたい。

続いて慶應戦にも登板したが勝利することはできなかった。オーバースローのピッチングだけでなく、アンダースローを織り交ぜるなど工夫をみせたが、再び得意の速球を狙い打ちされた[27]。

彼のアンダアア・スロウはよく三塁側に足を踏むでクロスファイア式の投球をみせたが、オバアスロウに偉力なく此を選び打たれた。

結局、台風の目と期待された法政は四位という結果に終わり、若林自身は二勝三敗の成績で、その二勝は最下位の東大からあげたものだった。

前年春シーズン優勝の明治は、褒美として三月から世界一周旅行のためリーグ戦不参加だった。一行はアメリカへ渡って交流試合を行った後、ヨーロッパ、エジプト、中国と世界各地を観光してまわり、七月に帰国した。こうした「大名旅行」が可能となったのは、神宮球場に連日満員の観客がつめかけ、各野球部に莫大な収益が分配されていたためである[28]。二年前の一九二七年からはじまったラジオ中継も人気に拍車をかけていた。若林が挑戦した東京六大学野球は当時、熱狂的なブームの只中にあった。

「日本式」野球の壁

東京六大学野球は国内最高峰のリーグとして圧倒的な人気を誇り、この注目の舞台で活躍できなかった若林には、「期待に反した新人」として新聞や雑誌から厳しい批判があびせられた。[29] 法政のシーズン不振は、「若林投手にあまりに頼りすぎたこと」が原因であるとされた。[30] 若林の不調の要因をさぐる論評が掲載され、その批判の矛先は彼の「米国式投球」に集中した。

二回三失点で降板した立教戦に関して、『野球界』はこう批評している。[31]

若林の投球は〔中略〕極めて大ザッパであり野性的である。大陸的投球は小さい日本人には向かない傾向がある。宜しく若林君たるもの此点を考へて其有余る投球術を加減して貰ひ度いと同時に法政の当局者は此点に向って若林投手を進歩させるべく努力すべきだ。体力投力共に恵まれてゐる君の投球を生かすも殺すも、茲点にありはしないだらうか。彼には尚幾多の将来がある。

この頃になると、東京六大学野球の各チームは、アメリカから来日した強豪のイリノイ大学やミシガン大学と互角に渡り合うなど自信をつけ、アメリカ式の野球であればすべてよいとされる時代ではなくなっていた。シーズン後に『野球界』が主催した座談会では、「若林君不成績の原因」という小見出しで、このようなやり取りがされている。(32)

杉立　要するにアメリカ式の野球と日本式の野球との相違でせう。ですから今年の秋に明治がどれだけの成績を挙げ得るかといふ問題は、アメリカ式の野球に非常に親しんで来たか、それとも割合に親しまずに日本式の野球で充分に働いて来たかと云ふ問題になって来ますね。

横井　それは僕もさう思ふ、明治がアメリカに行って試合をして所謂米国式の野球、吾々から言へば大陸式の野球、それに非常に慣れて帰って来ると、此秋シーズンの明治の成績は甚だどうかと思はれる。併し岡田〔源三郎〕名監督も居られることだから従来遠征チームが日本に帰って来て成績が悪いといふことに注意をされて、向ふではアメリカ式の野球で試合をされても、さういふ心配のないやうにされると思ひますが、どうですかね、実際あゝいふ遠征をするとゲームが荒れてきますね。

小出・佐藤　随分荒れますね。

早稲田の捕手伊丹安廣は、若林とはシーズン中だけでなく、一九二七年の早稲田のハワイ遠征時、さらに翌二八年にスタクトン大和が来日したときも対戦していた。開幕直後のリーグ初戦は強風のなかで行われたこともあり、「あんな風の中では投手の持つ実力を充分発揮する事は出来ない」と気づかいながら対戦した感想をこう語った。(33)

若林君は外人タイプのピッチングをする人である。然しクラブ戦ではない、大学のリーグ戦に於て、すべてが粗雑な外人のピッチングをして好結果が得られるか、どうかは疑問であると思ふ、体力に於て、めぐまれた君が大学の各打者を研究し、日本人に対する投球を会得した時、必ずや君はリーグ屈指の大投手となるであらうと思ふ。

要するに、剛速球投手の若林の評価は一貫して、潜在能力は高いが日本式の野球に適応する必要があるというものだった。

4　法政のハワイ遠征

船酔い

一九二九年の春シーズン終了後、法政の野球部はハワイ遠征の途についた。若林の法政入学を記念して、ハワイの邦人紙『日布時事』が招待したものだった。『野球界』に掲載された長澤安治選手の「法大布哇遠征軍　布哇遠征通信」によれば、監督を含む一行一六名は、五月一〇日、春洋丸に乗船した。「法政大学野球部第一回海外遠征のスタート」である(34)。

意気揚々と日本を出発した一行だったが、早々に船酔いに悩まされた。若林も例外ではなく、チームメートの大滝信隆や西本幸男らと一緒に青白い顔で嘔吐していた。

五日目ごろから選手たちはようやく回復して、船の甲板で軽い練習をはじめた。シャワーを浴びたあとは、それぞれ読書したり同船の外国人客との国際交流に挑戦したりした。ただ英語での会話には苦戦して、話しかけられても、イエス、ノーの受け答えのみで、ときにはそれも間違えて恥をかいたという。選手たちは自虐気味に「さても哀れな大学生」と英語力のなさを悔いた。

英語を話せる若林が船酔いのため他の部員はしばらく困り果てていたが、回復すると通訳としての役割を引き受けてくれた。若林はハワイでは英語による教育を受けたため、日本語の読み書きは苦手だったが、日常会話は「僕の両親は日本生れで、私も殆んど日本語には苦労しない。只ナマリや何かゞあるけれ共別に話せない等と云ふ事はない」というレベルであった[35]。

一方、法政の選手たちは、言葉の問題だけでなく、文化的な違いでも戸惑うことが多かった。とりわけ船内の社交ダンスでは参加することもできずに傍観しているだけだった。あるとき、日本人の「不良老年」が「外国婦人」を捕まえて踊り出したが、「足を踏みつけて赤い顔をして」逃げ出す始末で、選手たちはますます怖気《おじけ》づいた。この点でも若林だけは違った。ただひとり「外国のシヤンなレデーを擱へて」ダンスを披露して得意満面だった。

グラウンドの感想

出航から一〇日後、アロハタワーがそびえ立つホノルル港に到着。一行は山城ホテルに投宿した。このホテルの支配人は、かつて布哇中学の母邦見学団の一員として来日したアンディ山城正義で、朝日でプレーした後、瞬足巧打の強肩外野手として一九一七年から一九一九年にかけて米本土マイナーリーグのゲティスバーグ・ポニーズ、ブリッジポート・アメリカンズ、ハートフォード・セネターズの三球団を渡り歩いた人物である。[36]

藤田省三主将によれば、ハワイ到着後、「随分多くの日本人がゐて我々の様に語学の出来ないものでも大して不自由に感じなかった」。選手たちは、現地の日系人たちのはからいで、名所にドライブに出かけたり、釣りをしたり、街中で映画をみたりして、「まあ愈々となれば若林を頼むと云った調子」で楽しんだ。[37]

法政の試合はすべて、三年前に完成したホノルルスタジアムで開催されることになっていた。対戦相手は、ハワイリーグの所属チームを中心に選ばれた。

藤田はホノルルスタジアムについて、「あっちのグラウンドは一向なものでとても神宮等とは比べものにならない。不均等な廣さでやり難い事おびただしかった」と感想を残している。

ホノルルスタジアムは、アメリカンフットボールと兼用で長方形に設計されていたため、右翼に比べて左翼の奥行が深かった。かつては日本の大学チームが来布するたびにハワイの球場の素晴らしさを称賛して書き残したが、日本でも一九二六年に神宮球場、その二年前には甲子園球場が完成するなど国内の野球環境は急速に改善していた。藤田の感想はこうした自負心を表現したものでもあった。

遠征の収穫

法政の選手たちは、「ホノル、は早慶明の各大学が好成績を残して行かれたので私達は其成績を汚さぬ様に奮闘する積りです」と意気込んだものの、「長い船に乗って居ったのでシーシックで足がふら〱して地についてゐるのかどうか判らぬ位」で、初戦の朝日に五対一〇で敗れると、その後も苦戦が続き、結局六勝八敗一分けと負け越した(38)。

遠征の序盤は、「かう負けては少しも面白くありません」という状況だったが、その後「でも布哇に於けるゲームが来るシーズンの為めの練習であると思って一日〱と好成績を挙げる様に励ん」だ結果、選手たちは確実に力をつけていった。

特に、本牧中学出身のショート苅田久徳は、遠征直前のシーズン中に一二のエラーをかさね、法政応援団が藤田信男監督に選手交代を直談判したほどだったが、ハワイではファインプレーを称えられて金時計を贈られるまでに成長した。また、ライトの藤井繁も打撃賞として金時計、センターの島秀之助とファーストの久保春吉は優秀賞として万年筆を獲得した(39)。

翌シーズンにむけて新しい戦力が整いつつあった。

5 プレースタイルの解釈

「日本式」野球への適応

ハワイから帰国して夏休みが終わると、一九二九年の秋シーズンがはじまった。だが法政は春シーズンに引き続き苦戦を強いられ、結局五位に終わった。若林は、四勝八敗と再び負けこした。ただ、防御率は1・93の成績を残した。

翌一九三〇年の春シーズン、法政には好材料がそろっていた。ハワイ遠征以降、新しい戦力が着実に力をつけてきたことに加え、兵役を終えた鈴木茂と吉田要が復学、また甲子園常連校から有望な新人も入学し、選手層は厚みを増していた。二シーズンを経て若林への期待も高まっていた。だがふたを開けてみれば、若林は立教と東大に勝利したものの、早慶明には敗れ、チームも四位という結果に終わった。

同年五月に東京で第九回極東選手権競技大会が開催され、春シーズンに優勝した慶應の選手を中心に日本代表チームが結成された。一九一三年にマニラではじめて開かれたこの競技大会には、主にフィリピン、中国、日本の三カ国が参加し、野球のほかにも、陸上競技、競泳、サッカーなどの交流戦が行われた。

野球の日本代表チームには、残りの五大学からも選抜され、若林も選ばれた。リーグ戦では法政の貧打もあって勝ち星にめぐまれなかったが、この頃すでに若林の実力が認められていたことを物語っている。また、一年前の出場資格問題の際には若林の生い立ちが議論となったが、今回の大会では（本牧中学入学直後に日本国籍を離脱していたため）国籍上はアメリカ人であったが、特に問題なく日本代表として選出された。大会では第三戦の中国戦に先発して二一対三と圧勝、日本の優勝に貢献した。ちなみに、このとき日本代表の監督をつとめた慶應野球部監督の腰本寿もハワイ出身の二世だった。

夏休みになると、法政は再び遠征に旅立った。今回の目的地は満州。東京日日新聞（毎日新聞の前身）が主催する都市対抗野球大会（一九二七年－）では、第一回から第三回まで満州倶楽部と大連実業団が交互に優勝し、日本の実業団をしのぐ実力をもっていた。法政は満州でこうした強豪チームと交流戦を行うことで実戦経験を着実につんでいった。

そしてむかえた一九三〇年秋シーズン、法政は、早稲田には敗れたものの、明治、慶應、立教に勝利した。対戦した立教のサード馬場實によれば、若林のピッチングスタイルは大きく変化していた。「若林サンが最初にリーグに現らはれたときは、何しろアメリカのクラブ・テイムから来られたこととて凡てが大きかったためによく打たれたのでした」が、この頃までには「若林サンはもうすっかり日本人に馴れて、細かく攻めて来られるやうになりました、所謂技巧の方面に展開されたのでありませう」[40]。

悲願の初優勝

このシーズン、優勝の行方は最終戦までもつれた。法政が東大に勝てばリーグ初制覇という土壇場でこの試合のマウンドに立った若林は、「兎に角固くなった」、「兎に角負けてはいかぬといふ。此処で負けては切腹ですからね。(笑ふ)」という心境だった[41]。自信も揺らいでいた。「自分の肩が悪いことを自分で知って投げて居るから、何処まで続くかといふ疑問があった。兎に角九回続くとは思はなかった」。

試合は、三回まで得点が動かずに重い展開となった。均衡が破れたのは四回。法政が相手のエラーがらみで一点を先制した。ここで一気に試合が動くかと思われたが、その後両チームとも得点が入らず、とうとう最終回を迎えた。若林は、先頭打者の福沢英男を一つもストライクが取れずにファーボールで歩かせた。八回まで投げ抜いてきた若林は弱気になっていた。

「ラストインニングに歩かせた時には西垣〔徳雄〕君にウオームアップさせて呉れと言っ

た、それだけ自信がなかった、肩が悪かったから」

捕手の倉は、若林の顔色の変化を読み取っていた。

「蒼かったよ。此処（頬）が慄へて居ったよ」

若林はマウンド上で藤田監督から直々にアドバイスをうけた。

「真中にカーブを入れろと言ふんだが、それが入らないんですよ。兎に角六つ位投げて初めてストライクが出た」

その後、味方の守備に助けられて二死までこぎつけるが、ランナー一、二塁のピンチが続く。この場面で東大の代打竹内泰次が一、二塁間をゴロで破ってライト前にヒット。二塁ランナーの田村専之助は一気に本塁に突入。ホームベース上のクロスプレー。法政の誰もが同点を覚悟した瞬間、若林には田村が「倉の足に掛って引繰返った」のでホームベースにタッチしていないのがみえた。球審銭村辰巳はだまったままジャッジをしない。倉は気が動転して「ランナーに球をつけに行く時にはランナーが何処かに逃げるやうな気がした」が、無事にタッチしてゲームセット。とうとう法政は悲願の初優勝をはたした。若林は感極まって「ブー〳〵〔試合終了のサイレン〕が聴へた時は泣けてきたよ」。法政入学から苦戦続きだったが、ようやく念願だった東京六大学野球での優勝の夢をかなえることができた。

図３　『野球界』（1931年２月号）の表紙を飾った法政の若林（右）と倉のバッテリー

　劇的な優勝をはたしたその夜、「法大合宿附近の騒ぎはトテも筆紙にあらはせない」ほどで、「云へば御盆と御正月と結婚の御祝ひが一所にきたと云ったやうなありまさ!!」だった[42]。

法政の野球部があった中野区新井薬師付近の商店街には、「法政大勝利、万々歳」と書かれた看板やビラがいたるところに貼り出された。夕方に選手たちが帰ってくると、法政のファンは合宿所に押し寄せて「万歳、万歳」と叫んだ。また新井薬師の芸者たちは、五反田の芸者が東大の応援にきていたと聞いて、「妾達も応援にゆけばよかった」と悔しさ半分にさわいだ。

法政の応援団は、午後六時に神宮球場を出発し、「三千の提灯と熱狂の声」で、代々木、新宿、法政大学前、神楽坂を練り歩いた。「祝法大の大優勝」という大旗をぶらさげた神楽坂一帯の飲食店は優勝を祝う法政の学生であふれかえり、暴れまわるものまでいる始末だった。

図4　1930年秋シーズンに大観衆のなかで戦う法政（法政大学史委員会提供）

「野球狂時代」とも称されたこの時期、東京六大学野球は日本最高峰のリーグとして絶大な人気を誇った。選手たちはブロマイドまで売り出されるほどの国民的なスターだった。優勝の夜、若林とチームメートの武田一義は、中野や神楽坂界隈で学生やファンにもみくちゃにされるのを避けて、あえて銀座まで出た。だがここでも彼らは野球ファンから熱烈に歓迎され、朝まで飲み歩いても自分たちの財布を一度も開く必要がなかった。

　優勝から約一カ月後の一一月二三日、牛込公会堂で「法政優勝を祝ふ会」が催された[43]。定員一五〇〇名の会場は満員。若林は、「メリケンなまりのある日本語で、『私はハワイにかへりたいんでありまシユー。』『私はこう見えても愉快な男なんでありまシユー。』と学生らしい無邪気なところを発揮して聴衆拍手を買」った。

「米国式」野球の見本としての自負

雑誌『野球界』による「法政大学優勝記念座談会」に招かれた若林は、自身のピッチングスタイルについて、「今秋今までと違った投球方法を採られた、一般の何も知らない人が、詰りハワイでやっておいでになったのと違うて日本式になったといふやうなことを言って居りますが、そんなやうな何があったのですか」と問われた。これに対して彼は「そんなことはないでせうね」、「日本式になったよりも、日本式のプレヤーのポイントが大分分かったんでせうね」と否定した(44)。

東京六大学野球のデビュー戦で早稲田にノックアウトされた理由も、「(本牧中学への編入で)正式の練習を一年と云ふ可成長い間欠いてゐたことによるのです」として、アメリカ式のピッチングスタイルに原因があるとは認めなかった。あくまでも日本式の投手になったのではなく、「日本テイームそのもの、バッテイング」に「なれました」との主張を繰り返した。

そもそも、「日本人はフイルデイングは巧いね。バッテイングは落ちるかも知らないが」と、自らが対応に苦労したはずの「日本式」のバッティングに高い評価を与えていたわけではなかった。また、明治の万能選手田部の投手としての評価を聞かれ、「僕は危いと思ふね。

身体が身体だし、アメリカぢや百五十斤〔90kg〕なければピッチヤーにしない」とアメリカ仕込みの知識を披露した。さらに、座談会では若林がチームメートの鈴木投手に変化球の投げ方を教えたエピソードも紹介された。

このように若林は、「日本式」の野球に適応するばかりではなく、アメリカ仕込みの技術や知識を教える側の立場にもあったことを強調した。むろん、「日本人のバッター」への対応をせまられるなかで、「アメリカ式」を捨て「日本式」の野球に同化したと彼自身は考えていなかった。若林の発言からは、「大陸式」野球を実践する生きた手本として、「日本式」野球に逆に影響を与えてきたのだという自負心を垣間見ることができる。

6　自負心と憧れ

法政のアメリカ遠征

この時期、東京六大学野球の優勝校によるアメリカ遠征は恒例となっており、法政も優勝翌年の春シーズンを欠場して、アメリカ本土横断の遠征に旅立つことになった。

遠征に際して、若林はこう決意表明をしている。[45]

法政軍のファスト・トラベル……最初の事であるから不慮の難儀に当面するかも知れない。然し善かれ悪しかれ経験になる事であらう。常に同じチームと試合してゐる法政は、毛色の変った本場の米国の大学と試合する事は非常に効果があることをうたがはない。尚アメリカのプロフエシヨナルの試合又は練習を研究する事も楽しみの一つである。プロフエシヨナルのプレーヤーに接して、我我の劣る所を指摘してもらひ又其の練習方法等も直接に教はる事も私の抱負としている。

渡米後、交流試合は苦戦が続き、大学チームとの対戦では接戦をものにすることもあったが、セミプロのチームはレベルが違いすぎて相手にならなかった(46)。法政の藤井は「セミプロとは十五回ばかりやったが、いづれも手も足もでなかった」と率直な感想を残している。実際、アメリカン・リージョンとの対戦では、「文句なしにカン〳〵打たれたので、みな憤慨してくってかかって行ったが、いつまでもあまりに猛打するので、とう〳〵閉口して七回でやめてもらふことにした」ほどだった。

ブッシュウィックスというチームとの試合では、実力差がありすぎても観客が喜ばないということで、試合前に相手側が「どんなピッチヤーを出さうか?」、「何点位の開きにしてをかうか?」と相談をもちかけてきて驚かされた。試合がはじまっても、セミプロの選手たちはうまく手加減してシーソーゲームを演出した。この試合展開に、判官びいきで法政を応援していた観客たちは次第に興奮して審判にさかんに野次を飛ばし、それに審判も応酬したのでスタンドから座席クッションやサイダーのビンが投げ込まれて大騒ぎになった。

この騒ぎに警察まで出動したがそれでもおさまらず、ついには観客にむけて消防ポンプで水を放射して沈静化をはかる異常事態となった。当然試合は一時中止となって、法政の選手たちは「今度は私達が見物の方に廻って、日本では滅多に見られない球場の大混乱を眺めて」いた。藤井の驚きはそれにとどまらず、「この事件がセンセーションをまきおこしたのを見るや、ブッシユからは、早速、第二回戦をやってくれと申込んで来たのには、流石にアメリカなるかなと思った」。

メジャーリーグの試合も観戦した。その日はフィラデルフィア・アスレチックスとニューヨーク・ヤンキースの対戦で、若林がハワイ時代に手本にした名投手レフティ・グローブがマウンドにあがり、ヤンキースのベーブ・ルースやルー・ゲーリックとの真剣勝負がくり広げられた。特別に両チームのベンチにも入れてもらい、アスレチックス監督のコニー・マックから話を聞いたり、ヤンキース側のベンチではルースやゲーリックからサインをもらったりすることもできた。

藤井はルースと面会して、「私達は代る代る握手したが感慨無量で、何ともいへぬ気持ちに抱れた。丁度、神様にあった様な気がした」。また試合を観て、「初めて見る大リーグの試合から受けた興奮はなか〱さめなかったし、又、私達の持つ技量と彼等の技量とがあまりにもちがいすぎるので、ボールをにぎるのが嫌いになったりしさへした」ほどであった。

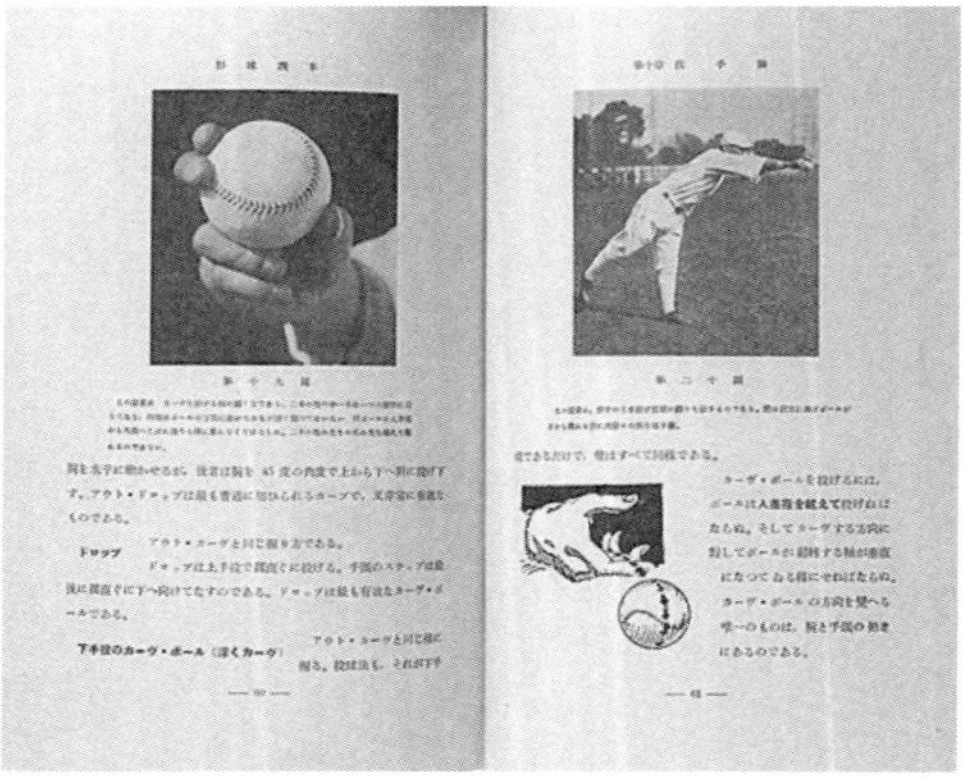

図5　カール・ラングレン著・藤田信男訳『野球読本』。投手編では若林が写真のモデルをつとめた（法政大学多摩図書館所蔵・同大学総長室広報課写真提供）

遠征での実質的な収穫は、対戦したイリノイ大学の名コーチのカール・ラングレンからテキストを贈られたことであった。藤田監督は部員らと翻訳・編集して翌年に『野球読本』として出版、これが後の法政野球のセオリーを方向づけたといわれる。

日米のプレースタイルの混淆

当時、日本の野球のレベルが向上するにつれて、アメリカ式の野球がすべてよいとされる時代ではなくなっていたことはすでに述べた。アメリカから帰国した法政も、野球部OBの保野勇から「米国に遠征して来たと申しましても、僕の考としましては大して事新しいことを学んで帰って来ないやうに思って居ります。唯試合に対しての度胸が幾分か出て、試合慣れしたという点だけは認められますけれども、あとは別に大して有益になったといふことも現はれて居らないやうに思ひます」と遠征の意義自体を疑問視されている(47)。

しかし一方で、ルースに面会した藤井の感激にみられるように、アメリカのベースボールへの憧れは依然強く、東京六大学野球の優勝校によるアメリカ遠征は恒例化し、現地の技術書を翻訳するなどして本場の野球を熱心に吸収しようともしていた。

このように日本野球の歴史は、日本式の野球への自負心と、アメリカのベースボールに対する憧れという二つの相反する感情が原動力となって進展してきた。「日本式（とされる）野球」は、アメリカに追いつき追いこすために交流試合を重ね、彼らの技術を取り入れ、盗み、模倣するなかで育まれてきた。このように考えれば、若林が東京六大学野球で苦戦した「日本式野球」は、実は純粋に日本式というよりも、アメリカ式のスタイルとすでに交じり合った性質のものであったといえる。この意味で、「日本式野球」のどのあたりがアメリカ的でどこが日本的かを見分けるのは容易ではない。つまり、太平洋を跨いだ野球交流の歴史が示唆するのは、プレースタイルによって日米を二分法的に区別し分断することの不可能性である。

注

(1) 永田陽一『ベースボールの社会史―ジミー堀尾と日米野球』(東方出版、一九九四年)、三二八―三三二を参照。
(2) 「スタクトンチームの感想」『野球界』(一九二八年六月)、二〇―二二。
(3) 永田、七五。
(4) 以下、庄野義信編著『六大学野球全集 中巻』(改造社、一九三一年)、五一四―五二三を参照。
(5) 以下、「スタクトン軍来朝記念録」『野球界』(一九二八年六月)、一六―二四を参照。
(6) 以下、山本茂『七色の魔球―回想の若林忠志』(ベースボールマガジン社、一九九四年)、一六―一八。大道文「マウンドの魔術師若林忠志」『ベースボールマガジン』(一九七七年一二月)、一九五―二一〇を参照。
(7) 大道、一九八。
(8) 後藤鎮平『布哇邦人野球史―野球壹百年祭記念』(文生書院、二〇〇四［野球壹百年祭布哇邦人野球史出版会、一九四〇年〕)、三〇八。
(9) 大道、二〇〇。
(10) 山本、七。
(11) 大道、二〇〇。
(12) 「スタクトン軍について」『野球界』(一九二八年五月)、一五五。
(13) 飛田穂洲「花見時の東都を賑はした関大、大毎、スタクトン」『アサヒスポーツ』(一九二八年五月一日)、一〇。
(14) 「早慶を破る迄は帰らず―と」『日布時事』一九三〇年六月一日。
(15) 「ス軍の若林投手法政に入る―春のリーグ戦を前に野球ファンの大きな期待」『東京朝日新聞』一九二八年四月一五日。
(16) 「進め！若林希望は近付けり―激励怠りない厳父」『日布時事』一九三〇年六月一日。
(17) 「四大学の猛烈な反対で若林選手除外さる―リーグ戦を前に選手争奪の破綻　激論八時間に及ぶ」『六大学野球全集 中巻』(改造社、一九三一年)、六八八-六八九で同記事を引用。
(18) 「若林君出場禁止についての声明書―六大学野球連盟」『野球界』(一九二八年六月)、一〇〇-一〇二。
(19) 以下、同記事を参照。
(20) この声明文によれば、法政は文部省にアメリカの高校の卒業生に入学資格があるかを問い合わせ、日本人としては不可能だが、外国人としてならば国際関係の観点から可能だとの回答を得ていた。

(21)「法大新人若林選手と語る」『野球界』(一九二九年五月)、一一九。
(22) 大道、二〇一。
(23) 伊藤黎二「若林投手問題是非—六大学当局にリーグ規約の確立を望む」『野球界』(一九二八年六月)、一〇〇-一〇二。
(24) 山本、三二一。
(25)「法政敗る—対早大第一回戦」『東京朝日新聞』一九二九年四月二二日。
(26)「立教対法政第一回戦」『野球界』(一九二九年六月)、九四。
(27)「慶應対法政第一回戦」『野球界』(一九二九年六月)、九八。
(28) 山室寛之『野球と戦争』(中公新書、二〇一〇年)、二五-二七。
(29) 春日俊吉「活躍せる新人選手小月旦」『野球界』(一九二九年九月)、一四。
(30)「立大対法政第二回戦」『野球界』(一九二九年六月)、九六。
(31)「早大対法大一回戦」『野球界』(一九二九年六月)、八六-八七。
(32)「新進記者を中心に 六大学リーグ戦優勝候補想像座談会(一)」『野球界』(一九二九年九月)、三二-三三。
(33)「好漢若林選手—早法一回戦を通じて見たる 早稲田大学野球部選手伊丹安廣」『野球界』(一九二九年六月)、五〇。
(34) 以下、「法大布哇遠征軍 布哇遠征通信 法政大学野球部長澤安治」『野球界』(一九二九年八月)、一三四-一三七を参照。

(35)「法大新人若林君と語る」『野球界』（一九二九年五月）、一一九。
(36) リーグの登録名は Andrew (Andy) Yamashiro ではなく、Andrew Yim で、日系人ではなく中国系として認識された。永田、二〇一を参照。また、当時の現地新聞報道の詳細については、Joel S. Franks, *Asian Pacific Americans and Baseball: A History* (North Caroline: McFarland, 2008), 134-137 を参照。
(37)「ハワイ遠征土産　法政大学野球部主将藤田省三」『野球界』（一九二九年九月）、九一。
(38) 以下、「法大布哇遠征軍　布哇遠征通信　法政大学野球部長澤安治」『野球界』（一九二九年八月）、一三四-一三七を参照。
(39)「法大布哇遠征通信　法政大学野球部選手長澤安治」『野球界』（一九二九年九月）、一二六。
(40)「法大若林君の巻 立大野球部選手馬場實」『野球界』（一九三一年七月）、二二二。
(41) 以下、「法政大学野球部のスターを集って　六大学選手総評座談会」『野球界』（一九三一年三月）、一〇-一九を参照。
(42) 以下、「法大優勝の其夜」『野球界』（一九三一年二月）、一〇八-一〇九。山本、七一-七二を参照。
(43)「法政優勝の夕」『野球界』（一九三一年二月）、一一〇。
(44) 以下、「法政大学優勝記念座談会」『野球界』（一九三一年一月）、六-一七。「法大優勝の其夜」『野球界』（一九三一年二月）、一〇八-一〇九。「僕の法政入りに就いて　法政大学野球部選手若林忠志」『野球界』（一九三二年八月）、二二三を参照。
(45)「鹿島立ちに際し六大学を想ふ　法政大学野球部選手若林忠志」『野球界』（一九三一年五月）、四〇。

(46) 以下、「北米野球遠征土産 法政大学野球部選手藤井繁」『野球界』(一九三一年一〇月)、一七八―一八一を参照。

(47) 「リーグ戦前半批判座談会」『野球界』(一九三一年一〇月臨時増刊号)、七四。

第4章　職業野球団の誕生とハワイ日系二世――日米をつなぐ二世

1　野球大使ハーバート・ハンター

待たれる強敵

「思ったより不人気だネ。二時半と云ふにこの人ヂヤいさゝか心細いネ」

「君達は、昔のことを考へてるからいけないのダ。大試合の少なかった昔こそ、外来チームに人気は集注したが、今では、国内丈けで好試合が見られるのだからネ」[1]。

一九二八年の早稲田と南カリフォルニア大学の試合前に、神宮球場の観客席ではこのような会話が交わされていた。この頃になると、アメリカの大学チームの来日ではそれほど観客が集まらなくなっていた。

当時、読売新聞社社長の正力松太郎は、目新しい企画をつぎつぎと打ち出し、発行部数の拡大をはかっていた。日仏対抗ボクシングを開催したり、自殺の名所三原山の火口にゴンドラをおろして探検取材をしたり、国技館で納涼大会を催したりして部数を大きく伸ばしていた。

正力がつぎに目をつけたのは、ベーブ・ルースだった。アメリカのアマチュアチームには食傷気味の野球ファンも、メジャーリーグの大スターが来日するとなれば熱狂するに違いない。一九二九年、さっそくルースのマネージャーと交渉をすすめようとしたが、その年のシーズンオフは映画出演でスケジュールに余裕がなく来日できないと断られた。二年前にシーズン史上最多の六〇本塁打を放ったルースの人気は衰え知らずだった。

東洋野球大使

その後、ハーバート・ハンターが、ニューヨーク・ヤンキースのルー・ゲーリックらを引き連れて来日するという情報が飛び込んできた。一九二〇年にマイナーとメジャーリーグの混成チームの一員としてはじめて日本にやってきたハンターは、翌年にはマイナーリーグに降格して選手としては大成しなかった。しかし、一九二二年にヤンキース、レッドソックス、

図1　ハーバート・ハンター（中央でひざまずいている左側の人物）と全米チームのメンバー。左端はフランク・オドール、その横はルー・ゲーリック

ジャイアンツの選手らを率いて来日、さらに一九二八年にはタイ・カッブら三選手と審判を引き連れて再来日するなど日米球界の橋渡し役を担って「野球大使」と呼ばれていた。

一九三一年一月、ゲーリックらの遠征の事前交渉のためにハンターが来日すると、正力は直接交渉に乗り出し招聘を正式に決定した。全米チームのメンバーは、ゲーリック、レフティ・グローブ、ミッキー・カクレーン、フランキー・フリッシュ、アル・シモンズなど、いずれも後に野球殿堂入りする一流の選手たちだった。

全米チームメンバー
団長　フレッド・リーブ
マネージャー　ハーバート・ハンター
投手　レフティ・グローブ（アスレチックス）、ローレンス・フレンチ（パイレーツ）、ブルトス・カニングハム（ブレーブス）
捕手　ミッキー・カクレーン（アスレチックス）、ハロード・ルーエル（セネタース）
内野　ルー・ゲーリック（ヤンキース）、フランキー・フリッシュ（カージナルス）、ウィリアム・カム（インディアンス）、ウォルター・モランビル（ブレーブス）
外野　アル・シモンズ（アスレチックス）、トーマス・オリバー（レッドソックス）、フランク・オドール（ドジャース）
控え　ジョージ・ケリー（ミネアポリス）、アル・シンナーズ（バッファローズ）

読売は、全米チームと対戦する日本側のメンバーを編成するために、ファン投票を行った。結果、東京六大学野球の現役や出身選手に人気が集中した。その後、同野球連盟の関係者などの有識者が第二次選考を行ってファン投票で選ばれた選手をさらにふるいにかけてメンバーを決定した。

全日本チームメンバー

監督　市岡忠男（早稲田出身）

投手　伊達正男（早稲田）、若林忠志（法政）、宮武三郎（慶應）、辻猛（立教）、渡辺大陸（明治出身）

捕手　小川年安（慶應）、久慈次郎（早稲田出身）、井野川利春（明治）

内野　山下実（慶應出身）、松木謙治郎（明治）、三原修（早稲田）、吉相金次郎（明治）、水原茂（慶應）、角田隆良（明治）、佐伯喜三郎（早稲田）、苅田久徳（法政）、富永時夫（早稲田）

外野　松井久（明治）、井川喜代一（慶應）、枡嘉一（明治）、楠見幸信（早稲田）、堀定一（慶應）、永井武雄（慶應出身）

以上の選手に加えて、代打の森茂雄（早稲田出身）や代走の田部武雄（明治）など若干名が選出された。

若林の見立て

法政のエースとして確固たる地位を築いていた若林も順当に全日本チームのメンバーに選ばれた。同年に法政のアメリカ遠征でメジャーリーグの試合を観戦していた若林は、「来朝米国軍の力」と題して『野球界』に今回の全米チームの選手に関して寄稿している。[2]

僕が現にこの目で親しく見たその打撃、シモンズ、ゲーリッグ、オドール、……果して彼等は人間なのか、別の星の人達ではないかと思はせるのだ。僕が見た、ヤンキースとアスレテイックとの試合、これこそ僕にこの感を更に〳〵深く印象づけてしまったものだ。ルース、ゲーリッグがグを三振にやってのけるグローブ、或はロングヒッターとして知られるゲーリッグが、意表に出てた三塁バンド、それを取った捕手カクレーンの矢の一塁送球、この大プレー、この妙技、これこそアメリカ、プロフエシヨナルチームの真髄だったのだ。

そして日本側の戦い方についてこう結んでいる。

この大選手連を向ふにしての日本軍、そこに見る大きな差、それはプロフエシヨナルと、カレッジ、チームの差も手つだった、到達し得ぬ彼岸、唯日本軍に残された唯一の道は、捨身の覚悟、これのみである。玉砕こそ我等の取るべき戦法だ。

2　親日家フランク・オドール

チケット争奪戦

全米チームは、日本に到着すると盛大な歓迎を受けて、東京駅から帝国ホテルまでパレードを行った。銀座通りには大群衆がつめかけて、ビルの窓からテープや紙ふぶきが舞った。

このころの日本は深刻な不景気に悩まされていたが、前売り券は順調に売れた。デパート店員の月給が二二円の時代に、日米交流試合の指定席はメインスタンドが一〇円、内野席は六円で、共に一カ月も前に売り切れた(3)。

希少なチケットの争奪戦はすさまじく、「六円の指定席券が十五円二十円果ては三十円など、べらぼうなプレミアが付いて」売りさばかれた。読売の思惑どおり「日米野球戦の前売切符を買ふ優先権がついてゐます」というふれこみにつられて「一人で新聞を二つもとる人が出きる」ほどで、「こゝしばし、天下は読売新聞以外に新聞がないかのやう」なありさまだった。

男性だけが熱狂したわけではなかった。五〇銭の外野券がブローカーを通じて二円で取引されるなかで、読売新聞社の受付窓には、二人の女学生のたくましい姿があった。彼女たちが「室内の二三の男衆と談判してる」様子が『野球界』で紹介されている。

女学生 「内野券を下さい」
甲 「ソコに掲示がしてあるやうに、売切れです」
乙 「十四日十五日の外野券は松屋で売ります、朝六時頃からでなければ買へませんん」
女学生 「いつ売り出すんです」
丙 「新聞で発表します」
交渉談判は十数分つゞいた後
甲 「ギヤ第一回戦の外野券を二枚わけてあげます。一枚五十銭ですから一円お出しなさい」

乙　「女だから特別にわけてあげるんです」

外野券を手に入れるのにも「日支談判」以上に骨が折れる。

メジャーリーガーとの対戦

一一月七日、全米チーム初戦の相手は、東京六大学野球の秋季リーグで初優勝をした立教大学がつとめた。神宮球場は超満員で、人ごみに乗じて「帝都座」の鑑賞券で入場しようとするものまであらわれた。[4]

ホームベースの後方で陸軍軍楽隊がマーチを奏でると、全米チームの選手たちが二列に整列して小刻みに歩調を合わせて場内に歩み出た。ユニフォームの上に胴体部分が赤い派手なジャケットを着ている。その後を立教、さらに全日本のメンバーが続く。観客は拍手でむかえ、入場行進は落ち着いた雰囲気でとり行われた。

全米チームの選手がフリーバッティングをはじめると、場内の雰囲気は一転、その迫力に観客は大騒ぎになった。客席に入ったボールは「ゲーリッグの球だ。シモンズの球だ」といって皆が持ち帰ろうとしたので返ってこなかった。ついに拡声器で「皆さん。今日使用の球にはアメリカの球で数が足りなくなりますから御返し下さい」とアナウンスされる始末だった。

午後二時、始球式。田中隆三文部大臣の投球が、フォーブス駐日大使のミットにワンバウンドでおさまった。いよいよリアドン主審の「プレーボール」で試合開始。そのわずか一時間二八分後、七対〇のスコアで試合終了。記録席からの印象では「米軍は力を抜いて、極めて軽くラクラクに試合してゐた」。

第二戦は、早稲田が立ち向かった。エースの伊達正男が先発し、四回裏に先制点を許すも六回まで一失点の好投。くらいつく早稲田は六回表に一点をあげて追いつき、七回にも四点を追加し、五対一と逆転した。早稲田ベンチは、「これは夢かや、夢ならずゆけ者共」と総立ちで色めきだった。観客席でも「白シヤツの民衆応援団長が立ち上って踊り狂ふ場内は大へんな騒ぎ」になった。

アメリカ側のベンチは、険悪なムードでいまにも口論がはじまりそうな雰囲気だった。(5)

ゲーリックが叫んだ。

「我々は九千里〔マイル〕も遠方から態々〔わざわざ〕学生チームに負けにやって来たのか?」

七回裏、全米チームのプライドをかけた猛攻撃がはじまった。疲れのみえる伊達から二点を奪ってマウンドから引きずりおろすと、代わった福田崇一から一挙に五点をもぎ取って五対八とリードを奪い返した。この攻撃中、カクレーンが本塁のクロスプレーでアウトを宣告されて審判にくってかかるなど、このときばかりはメジャーリーガーたちもなりふり構わず本気でプレーした。

八回表、満場の拍手のなか、とうとうグローブがマウンドにあがった。「スモークボール」と称された速球の威力はすさまじかった。早稲田の打者を三者三振。その投球数わずか一〇球。続く九回も一一球で三者三振にきってとった。バットに一度もかすりさえしなかった。(6)

若林とオドールの交友

全日本チームは、全米チームを相手に四試合を戦った。初戦は一四対一で惨敗、第二戦は六対三で善戦したが、第三戦は一一対〇、第四戦は一五対〇と実力差をみせつけられた。

全日本に選出された若林は、同年のアメリカ遠征と秋シーズンでの酷使がたたって、肩と肘を痛めていた。負担がかからないようにオーバースローからサイドスローの技巧派へと投球スタイルをかえてしまうほどだった。

図2　全米チームのユニフォーム姿のフランク・オドール

　三戦目、けっして万全ではなかったが、中継ぎとして起用された。二点リードされた四回裏、先発投手の渡辺大陸が三者連続の四球で二死満塁のピンチをむかえると、場内から「カワレカワレ」の大合唱が沸き起こり、若林がマウンドに送られた。

　対する打者は、メジャーリーグで二度の首位打者を獲得したフランク・オドール。一九二九年シーズンの二五四安打は、イチローとジョージ・シスラーに次いで歴代三位の記録である。

　手負いの若林は、このオドールから走者一掃の二塁打を浴び、続くフリッシュにも二塁打を許し、この回あっという間に四点を奪われた。その後七回まで投げたが、さらに二点を許すさんざんな結果に終わった。外野を守るオドールは、もちまえのサービス精神を発揮して、「試合中道化た所作をして大衆ファンをヤンヤと喜ばせてゐると云ふ始末」で、実力差は誰の目にも明らかだった。

若林は、全米チームとの交流戦では選手としてよりはもっぱら通訳として忙しかった[7]。このときにオドールと親しくなった。好奇心の強いオドールは若林に日本人についてつぎつぎと質問した。

ここでも、法政のハワイ、アメリカ遠征で発揮された若林の英語力と社交性が役立った。翌年結婚することになる本間房を連れて帝国ホテルを訪れ、オドール夫妻とカフェをともにしたり、肩の状態を心配したオドールから、随行のトレーナーを紹介してもらったりもした。オドールは若林以外の日本の選手にアドバイスをおくることも忘れなかった。『野球界』にはつぎのようなコメントが掲載されている[8]。

大体に於て、日本の打者の視力は弱い。それとフオローストーする事、手クビの力を完全に使ってゐない事の打撃の二要訣を日本人が遵奉してゐないのが、日本人の打力が弱い最大原因である。これを完全に適用出来る域に達すれば現在より二、三十尺は球を遠くへ飛ばす事がたやすく出来るやうになるであらう。

駒場グラウンドに訪れた際には、自分たちの練習が終わると、東大の選手たちに打撃のコーチングを行った。守備練習ではノッカーを引き受けた。覚えたばかりの「行きますよ」という日本語を連発して、「サード行きますよ」、「ショート行きますよ」と小気味よくノックした。(9)

オドールは後年こう回想している。(10)

はじめて行った時から自分は日本が好きになった。日本人も自分を好きになってくれた。日本人の野球は違うのだ。アメリカは子供でも自分がコーチであるかのように何でも知っているような顔をする。ところが日本人ときたら、何にも知らないからどうか一から教えてくださいという態度で何から何まで吸収しようと一生懸命なのだ。

すっかり親日家になった彼は、その後ハンターと野球大使の座を入れ替わるかたちで日米野球交流に尽力し、若林ともそのたびに親交を深める仲になっていく。

3　プロ化の機運の高まり

鈴木惣太郎の活躍

一九三四年、ルースの来日がとうとう実現することになった。ルースとの交渉役として渡米した鈴木惣太郎は、横浜の貿易会社の社員としてニューヨークで暮らした経験があった。もともと大の野球ファンだった鈴木は、知人を介してジャイアンツのマグロー監督に紹介され、すぐに気に入られて特別にフリーパスをもらうと熱心に球場に通いつめた。この時期にリーグ関係者との人脈を築き、そこで得た知識をもとにメジャーリーグ事情を紹介する記事を日本の新聞に寄稿、後に『米国の野球』にまとめて出版した。この本に注目した読売は、メジャーリーガーの日本招聘を視野に鈴木と嘱託契約を結び、その後、特派員としてルースとの契約という重大な仕事を託して彼をアメリカに送り込んだ(11)。

鈴木はルースから来日の同意を取り付けるために、散髪屋にまで押しかけて口説いた。このときオドールも同行して助け船を出した。決め手は日本から持参したポスターだった。自身の顔が大きく描かれたポスターをみてルースは愉快そうに笑い出し、鈴木の説得に応じることにした[12]。
ルースのほかにも、米球界の重鎮でフィラデルフィア・アスレチックス監督のコニー・マックを筆頭に、投手バーノン・ゴメス、一塁ゲーリック、二塁チャーリー・ゲリンジャー、三塁ジミー・フォックスなど、後の殿堂入りメンバーがそろう豪華なラインアップとなった。

大リーグ選抜メンバー
監督　コニー・マック（アスレチックス）
助監督　フランク・オドール（ジャイアンツ）
投手　バーノン・ゴメス（ヤンキース）、アール・ホワイトヒル（セネタース）、クリント・ブラウン（インディアンス）、ジョー・カスカレラ（アスレチックス）
捕手　モリス・バーグ（インディアンス）、フランク・ヘイズ（アスレチックス）
内野手　ルー・ゲーリック（ヤンキース）、チャーリー・ゲリンジャー（タイガース）、ジミー・フォックス（アスレチックス）、エリック・マクネア（アスレチックス）、ラビット・ウォースラー（アスレチックス）
外野手　ベーブ・ルース（ヤンキース）、アール・アベリル（インディアンス）、ビング・

ミラー（アスレチックス）

野球統制令

一方、全日本のチーム編成は前回と同じようには進まなかった。一九三二年に文部省が発令した「野球ノ統制並施行ニ関スル件」、いわゆる「野球統制令」が足かせとなっていたためである。統制令は、学生野球の人気過熱による弊害の浄化を目的としたもので、学校間の選手争奪戦や対外試合の興行化が厳しく規制されることになった。とりわけ、「試合褒章等ニ関スル特殊事項」の項目で、「学校選手ハ職業選手ト試合ヲ行フヲ得ザルコト」として、アマとプロの交流が事実上禁止された。その結果、前回のように東京六大学から選抜チームを結成してプロのメジャーリーガーに挑むという構図は許されなくなった。

この事態をうけて、正力はプロ野球球団の設立を念頭に、大学の既卒者や中学校の中退者などを集めて読売独自の全日本チームを結成することにした。読売新聞運動部部長で早稲田野球部元監督の市岡忠男、同野球部元主将の浅沼誉夫、慶應野球部元監督の三宅大輔、そして鈴木惣太郎の四人が集まって協議を繰り返しながらプロ化の構想を具体化していった。

もともと彼らがプロ球団を発案したのは、前回の全米チームの来日がきっかけだった。[13] 日米交流試合での惨敗を受けて、日本野球のレベル向上のために「職業野球」の必要性を説く声が聞こえるようになっていた。『野球界』の主幹横井鶴城は、日米の実力差を目の当たりにして、こう意見を述べている。(14)

六大学の選手は学生であるから学業をすて、迄野球技に専心することはゆるされない。随って現在以上に野球技に対して努力することは不可能である。日本の野球技は外面内面両方面からみてゆきづまってゐる。然らばこれを打開する途はないであらうか。否‼大いにある。〔中略〕もしも我が国に職業野球団が組織されてゐるならば、技術優秀なる大学選手がこの方面へ進出してゆくことが出きる。

歴史的には、さかのぼること一〇年前の一九二一年、河野安通志が中心となり、日本運動協会を旗揚げしていた。河野のほかにも早稲田の元チームメートでともに日本初のアメリカ遠征を経験した橋戸信、押川清が幹部として協力し、これが日本初のプロ野球球団とされる。協会は関東大震災の後に阪急電鉄社長の小林一三に引き取られて宝塚運動協会として再出発したが、結局事業は軌道にのらず一九二九年に解散した。横井の評価では、これらの失敗は、単にまだ「時機がはやすぎた」のであり、「時代の大波」に乗れなかったためであった。

全日本に参加した二世

後のプロ化を見すえて全日本チームのメンバーがかき集められるなかで、法政卒業を目前に控えた若林にも声がかかった。同年は主将をつとめ、エースとして全試合に登板し、自身三度目となる優勝で有終の美を飾っていた。若林の心は揺れたが、妻の房や義父の強い反対で参加は見送った。

全日本チームメンバー
総監督　市岡忠男
監督　三宅大輔　浅沼誉夫
投手　青柴憲一、朝倉長、伊達正男、沢村栄治、ビクトル・スタルヒン、武田可一、浜崎真二
捕手　井野川利春、井原徳栄、久慈次郎、倉信雄
内野手　江口行男、苅田久徳、新富卯三郎、富永時夫、永沢富士雄、牧野元信、村井竹之

助、水原茂、三原脩、山下実、山城健三

外野手　杉田屋守、中島治康、二出川延明、夫馬勇、ジミー堀尾文人、矢島粂安、山本栄一郎、李栄敏

一方で、全日本には、ふたりのハワイ出身の二世が参加した。一人は杉田屋守で、前回全米チームが来日したときも早稲田の右翼手として出場し、メジャーリーガーたちを相手にあわやの善戦を演じていた。

杉田屋は少年時代に日本からハワイ遠征にやってきた大学チームに憧れを抱き、両親の母国で野球選手になる決意をしたとされる。一二歳で家族のもとを離れて親戚のいる山口県にうつり、柳井中学で甲子園に出場。早稲田に入学後は外野手として活躍し、東京六大学のスター選手の仲間入りをはたした(15)。

ハワイ生まれの杉田屋が日本で教育を受けたこと自体は、この当時めずらしいことではなかった。日本からハワイへ渡った一世たちのなかには、子供に日本式の教育を受けさせようとするものも少なくなかったからである。親の出身地に送られた二世は、祖父母や親戚などの家から学校にかよった。

全日本に参加したもう一人の二世のジミー堀尾文人も、少年時代に日本で暮らした経験があった。[16] 八人兄弟の七番目としてマウイ島で生まれた堀尾は、三歳のときに兄の登とともに広島の父の実家に預けられ、そこで九歳まですごした。

ハワイにもどった堀尾は、野球選手として頭角をあらわし、二一歳のときにメジャーリーガーになることを夢見てカリフォルニアに渡った。そこで日系人のセミプロチームのＬＡ日本の選手として活躍し、一九三一年に同チームの一員として来日、法政の若林と対戦して二塁打を放っている。その後一九三四年には、ネブラスカ・ステート・リーグのスーフォールズ・カナリーズに在籍、その強打から「イエロー・ペリル（黄禍）」と恐れられた。

堀尾にとって一九三四年の日米野球は、メジャーリーガーに自分の実力を直接売り込む絶好の機会だった。自費で来日すると全日本の入団テストを受けて見事に合格し、メンバー入りが決定した。

4　ベーブ・ルースとの対戦

ルースを迎えての熱狂

ホノルルに寄港して全ハワイチームを相手に八対一で快勝した大リーグ選抜は、一九三四年一一月二日、横浜に到着した。

図3　東京駅前で大群衆のなかパレードするベーブ・ルース（読売新聞社所蔵）

歓迎式典では、袖に選手の名前が入った特注の法被がプレゼントされた。特別列車で東京に移動すると、東京駅から帝国ホテルまでオープンカーでパレードが行われ、ルースを一目でも見ようとする群衆であたりは埋めつくされた。

一一月四日、神宮球場での第一戦。初戦の相手をつとめる東京倶楽部には、東京六大学野球出身の元主将らが名をつらねた。彼らは全日本チームには参加しなかったが実績は充分な実力者たちだった。

球場にルースが姿をあらわすと、「野球の神様」

図4　豪快な打撃を披露するベーブ・ルース
（読売新聞社所蔵）

の「御開帳」とばかりに、「ルースだルースだ」と叫んで観衆は総立ちでむかえた。[17] フリーバッティングがはじまると、超満員のライト芝生席ではグローブや網を持参した観客がホームランボールの取り合いをして大騒ぎになった。ルース、ゲーリック、フォックスがつぎつぎと外野スタンドにボールを放り込んだ。

かわって東京倶楽部のフリーバッティングでは、外野スタンドまでボールが届かない。そこで、ルースがベンチから出てきて、自分のバットを貸して日本の選手に打たせてみると重くて振り切れなかった。「ツー・ヘビー？」とルースが微笑みながら二本の指でバットをつまんでみせると、観客がどっとわいた。「ルースの鼻は愛嬌があるがまるでブルドックみたいに大きいネ、鼻の穴が一銭銅貨位あるぞ」と誰かがいえば、「それでは一寸見せて呉れ」と望遠鏡の争奪戦がはじまったりして、「まるでルースは神様の様」だった。

日米の実力差と二世

試合が開始するとすぐに、大リーグ選抜は高橋外喜男投手（早稲田出身）から一回裏に二点、二回に三点の計五点を軽々と奪った。三回から中村峰雄（明治出身）がマウンドに立ち、スローボールを多投する奇襲に出たがこれも通用せずに失点を重ねた。終わってみれば一七対一のスコアで大リーグ選抜の大勝。『野球界』の記事は、日米のあまりの実力差に、「アメリカ軍が遊撃も右翼も外してもい丶様な勝負だ。東京倶楽部の当りはスカンスカンとなさけない、あれが早慶戦の花の舞台で活躍した面々かと思ふと日本のベースボールがなさけなくなる」と評した[18]。

翌日の第二戦、いよいよ全日本が登場。月曜日の試合にもかかわらず、神宮は満員となった[19]。この試合、全日本の四番には堀尾がすわった。東京六大学出身の元スター選手たちを押しのけての抜擢だった。

一回表、全日本は四球でランナーが出塁し、堀尾に打順がまわってきた。投手はアスレチックスのジョー・カスカレラ。堀尾にとっては自らの実力を売り込む最高の場面だったが、あえなく三振を喫した。

四回、堀尾が再び打席に立つと、こんどは死球で出塁。観客は「ソラ走者が出たゾ」と勢いづいた。つぎの山下実の打席で、カスカレラの内角低めの直球を捕手フランク・ヘイズが後逸、堀尾は快足を飛ばして二塁をねらい、ボールを拾ったヘイズからの送球がそれて外野を転々とする間に、すかさず三塁までおとしいれた。続いて山下のセンターへの犠牲フライで堀尾は生還、貴重な一点を奪い取った。この瞬間、「六万の観衆総立ちとなって歓声」をあげた。ミスが重なり一点を失ったカスカレラはこの状況でも余裕の笑みをみせていた。

試合終盤の八回の攻撃で、一死二、三塁のチャンスに再び四番に打順がまわるが、代打に中島治康がおくられ、ここで堀尾は交代となった。結局、全日本は伊達の好投で善戦したものの、フォックス、アベリル、ゲーリックにホームランを許し、五対一で敗れた。

堀尾はその後も打順をかえながら計一五試合に出場し、ホームランも一本放ったが、通算では四一打数八安打で、打率195とふるわなかった。堀尾は通訳をかってでて、オドールなどと親しく交流し、打撃のアドバイスを受けたりもしたが、自らの実力を試合で示して認めさせることはできなかった[20]。

もう一人のハワイ出身二世の杉田屋は、三六打数八安打で打率222と数字は残せなかったが、その八安打のうち、大リーグ選抜のエースのゴメスから五安打を放って気を吐いた[21]。

大リーグ選抜は各地を転戦して、一八戦中、日米混合紅白戦二試合を除く一六試合に全勝

（全日本チームとは一五回対戦）。ホームランはルースの一三本を筆頭に、チームで計四七本をたたき出した。一方、全日本のホームランは堀尾、井野川利春、新富卯三郎の一本ずつ（うち新富のホームランは日米混合紅白戦で青柴憲一から打ったもの）で計三本。これは大リーグ選抜の投手アール・ホワイトヒルが一人で放ったホームランと同じ数だった。

スクールボーイ沢村

大リーグ選抜を唯一あわてさせたのは、静岡の草薙球場での一戦だった。この日先発した一八歳の沢村栄治は、「正直なところ、マウンドに上る前までは、大学テイームとさへゲームをしたことがない私が野球の神様の様な選手―ルース、ゲーリック、フオックス、ゲリンヂヤーといった大選手と一騎打の相対峙をすることを思ふと、何んだか、やはり空恐ろしい様な気持ちもしないではなかった」という。しかし監督に「とにかく、やってみろ」と命じられ、「何アに、どうせ打たれるなら堂々と打たれやう」と開き直ってマウンドに立つことにした[22]。

一回裏、二番ゲリンジャー、三番ルースを三振にきってとる最高の立ち上がりで、続く二回も四番ゲーリック、五番フォックスから連続三振を奪った。その後五回にルースにセンター前ヒットを許すまでノーヒットのピッチングを続け、六回まで無失点で踏ん張った。しかし七回にゲーリックからライトスタンドへ飛び込むホームランを打たれ、結局これが決勝点となって一対〇で敗れた。

沢村はこの試合に関して、「それにしても、今考へて、よくあの巨砲ルース、ゲーリック、フォックスといふ大選手を三振に打ち取ることが出来たものだと考へない訳にはゆきません」と振り返った。ただ、「全米軍の実力」は、「馬鹿々々しく強い様でもあれば、又案外それ程でもないのかも知れないといふ様な気もします」と少なからず手ごたえもつかんでいた。

メジャーリーガーからの忠告

ルースは、対戦した全日本チームの印象についてつぎのように語っている(23)。

日本選手の印象であるが、大体に於て打撃に於て数等の見劣りがした。何故かと言ふと日本選手の通弊は打撃の姿勢が悪い事である。バットを振る前の姿勢がホーム・プレートの方向に倒れ過ぎてゐる。それが原因となって首が傾き大切な打撃眼が非常に減却される。

〔中略〕も一つ〔原文ママ〕注目された事は日本選手は非常にバットが軽過ぎると思ふ。勿論バットは打者の選択を尊ぶべきであるが、重いバットを使用する事は日本人の打撃を向上する最短路である。

第一戦のフリーバッティングで、ルースが自分のバットを日本の選手に貸し出した場面があったが、これは実はユーモアだけでなく、彼なりに「何処へ行っても超満員すこぶる歓待されたのには非常に嬉しく何と言って御礼していゝか解らない。御礼にかへて全力をつくして日本のベースボールを啓発裨益する様心掛けた」ことのあらわれでもあった。

ルースは、「日本選手の守備は非常に巧い」と及第点を与えていた。だが、オドールは「外野捕球は非常に見劣りがする」と注文をつけている。「外野手のゴロの処理は内野と同様に重大外野手の必須の条件であり、外野手の一失は内野手の一失より重大である。〔中略〕外野手はもっとゴロの処理を研究してほしい様に思ふ」(24)。

「守備の人」といわれた杉田屋も、オドールと同様に全日本チームの「守備について深く考へさせられた」一人だった(25)。

例へば、外野を守つてゐる僕のところへゴロが来たとする。日本選手の打つた球なら、どんな猛烈な球でも四五間は進んで掴むことが出来る。ところが、彼等の打つた猛烈な球と来たら、その半分も進むことが出来ない。それ程スピードと又重みが違ふ。〔中略〕こんな意味から、彼等と同等な守備力を発揮するには、今少し日本選手の守備力を向上しなければならないと思ふ。〔中略〕日本選手の素質などを云々するより、今少し徹底的に訓練しなければならないといふことを、今度の試合を通じて考へさせられた。

では、「徹底的に訓練」するにはどうすればよいのか。オドールはこう結論づける。[26]

問題とならん事は明々白々ではないか。何うしても日本のベースボールも今一段と向上さす為には、職業野球団が出来なくてはならない。今度職業野球団が生まれる事だが、非常に時機に適した事で、あれ丈けのファンがあるなら今までどうして職業野球団が出来なかつたのか不思議な位である。

5　東京ジャイアンツの北米・ハワイ遠征

大日本東京倶楽部

一九三四年、全日本チームが母体となって、大日本東京野球倶楽部が結成された。ハワイ出身二世の堀尾も引き続きこの新しい職業野球団に参加することになった。球団顧問にはオドールが就任。一二月二六日の設立総会では、北米遠征を挙行することが華々しく発表された。

北米遠征メンバー
総監督　市岡忠男
監督　三宅大輔
ビジネスマネージャー　鈴木惣太郎
投手　青柴憲一、沢村栄治、ビクトル・スタルヒン、畑福俊英
捕手　内堀保、倉信雄、中山武
内野手　江口行男、苅田久徳、田部武雄、津田四郎、永沢富士雄、水原茂

外野手　　新富卯三郎、二出川延明、ジミー堀尾文人、矢島粂安、山本栄一郎

一九三五年二月一四日、メンバーを乗せた秩父丸が横浜港からサンフランシスコに向けて出港した[27]。彼らは家族を日本に残して遠征に旅立ったが、堀尾だけはロサンゼルスに帰る二世の妻ヨシを同伴していた。

二月二一日、秩父丸はハワイに寄港。ホノルルスタジアムでの練習を終えた一行は、長年の日布野球交流で定宿となっていた山城ホテルに宿泊、望月倶楽部で歓迎会というお決まりのコースで日系人の野球関係者からもてなしを受けた。

ビジネスマネージャーの鈴木は、メンバーよりも一足早く渡米して遠征スケジュールの調整などの下準備に追われていた。試合収入で選手の宿泊費、食費、旅費のすべてを賄わなければならず、集客がどれほどあるのか不安ななかで、唯一当てにできるのは西海岸に集中して住む日系人の存在だった。

同地域のパシフィック・コーストリーグは当時、東海岸中心のメジャーリーグに次ぐ人気を誇り、ジョー・ディマジオをはじめとした名選手を輩出する実力をかねそろえていた。オドールは大リーグ選抜での日本遠征から帰国後、現役を引退して地元に戻り、同リーグでか

つて自身も所属したサンフランシスコ・シールズの監督に就任していた。大日本東京野球倶楽部にとって死活問題となりかねない西海岸でのマッチメイキングは、オドールの人脈を通じて順調に進んだ。また、彼の発案により、アメリカでも覚えやすい「東京ジャイアンツ」がニックネームとして決まった。

日系人の支援

二月二七日、サンフランシスコに入港。

北米遠征の第一戦は三月二日、コーストリーグのサンフランシスコ・ミッションズを相手に行われた。長旅の疲れが取れない東京ジャイアンツは打撃がふるわずに〇対五の完封負けを喫し、初戦を勝利で飾ることはできなかった。

だが翌日のミッションズとの第二戦、期待のエース沢村が快速球を投げ込み、打っては三番の堀尾がスリーランを放って早くも遠征初勝利を収めた。

かつてマイナーリーグでも底辺のDレベルのスーフォールズ・カナリーズに所属した堀尾にとって、実力者揃いのコーストリーガーを敵にまわしての活躍は格好のアピールになった。

実際、この遠征中にコーストリーグのサクラメント・セネターズとの契約にこぎつけ、メ

図５　シアトル日本人街のホテル前で撮影された東京ジャイアンツの集合写真。後列右から２人目がジミー堀尾文人（Natsuhara family Collection, Densho Digital Repository）

ジャーリーグ入りの夢の実現にむけて大きく前進した。

球場につめかけた日系人にとってミッションズ戦での快勝は、アメリカ社会のなかで差別や偏見にさらされてきた積年のうっぷんを晴らしたという意味で、まさに「泣いて喜〔ぶ〕」に値する出来事だった[28]。東京ジャイアンツの一行は西海岸の転戦中に日系社会から大歓迎を受け、日系人は集客面でも観客としてチームの収入を支えただけでなく、歓迎会での手作りの日本食や移動中の軽食におむすびを差し入れするなど、誕生したばかりの日本のプロ球団に惜しみない援助を行った。

ロサンゼルスでは、かつて堀尾が所属したアメリカ本土日系人最強チームのＬＡ日本とも対戦した。ＬＡ日本は一九三一年の日本遠征で活躍した白人補強選手のバッキー・ハリス、エースのジョージ松浦一義、強打者のサム高橋吉雄らが健在だった。現地の日系人社会で「ジャパニーズ・ワールドシリーズ」と喧伝され注目されたこのカードは、東京ジャイアンツが二勝一敗で乗り切ってプロとしての面目を保った。

連戦中の見せ場と疲労

東京ジャイアンツは、アメリカ西海岸を皮切りにメキシコからカナダまで南北に移動して試合を行った後、大陸をすこしずつ南下しながら東進してオハイオ州シンシナティで折り返し、こんどは北上しながら西進して再びカナダに入り、最後に南下してサンフランシスコに戻るという転戦ルートを取った。

北米大陸の滞在約四カ月間で一〇四試合という超過密スケジュールだった。長距離の移動とタイトな日程に加えて、その日の試合収入を当日の宿泊費と食費にあてるという綱渡りの自転車操業でもあった。こうした苦しいやりくりのなかで、ビジネスマネージャーの鈴木がつぎの対戦相手との交渉のためにチームを離れると、英語ができる堀尾が臨時マネージャーをつとめるなどしてなんとかしのいだ。

連戦続きで選手たちは疲労困憊だったが、一方で苦戦を予想していた白人チームから勝利を着実に積み重ね、自分たちの実力とプレースタイルへの自信も芽生えはじめていた。ルース、ゲーリック、フォックスらをきりきり舞いにした「スクールボーイ・サワムラ」は、前評判通りの快速球を披露して勝利に貢献した。もう一人、野球の本場アメリカで注目されたのは田部で、彼が塁上に出ると観客から「タベ、タベ」と盗塁を促すコールがわきおこった(29)。結局、全一〇九試合（ハワイでの五試合も含む）で一〇五もの盗塁に成功した。アメリカでは、攻撃的な走塁で一時代を築いたタイ・カッブから、ベーブ・ルースに象徴されるホームランで魅せる豪快な野球が主流の時代をむかえていた。そのなかで東京ジャイアンツの選手たちがみせたいわゆる「スモールボール」は、本場の野球ファンに新鮮な驚きを与えた。

北米大陸での戦績は、一〇四試合を戦って七二勝三一負一分と当初の予想をはるかにこえる好成績を残した。ただあまりの過密スケジュールに選手たちは疲れきっていた。

六月二四日、心身ともに満身創痍の東京ジャイアンツの一行は、サクラメント・セネターズ入りが決まった堀尾を残し、サンフランシスコを発った。乗船した選手たちにはもう野球をやる気力はなかった。だが、まだハワイでの試合が残されていた。

ハワイで浴びたブーイング

一方、ハワイの日系人たちは東京ジャイアンツの来布に期待を膨らませ、日本のプロチームの実力をこの目で確かめようと球場につめかけた。かつて朝日で活躍したスティア野田がプロモーターとして手腕を発揮し、同地で最高峰の実力と人気を誇るハワイリーグの各チームを相手に対戦カードが組まれた。

初戦のワンダラーズ戦は、七対一で快勝。ハワイ社会の底辺で苦しむ日系人たちは、白人代表チームのワンダラーズからの勝利に狂喜した。二戦目のブレーブス（ポルトガル人）には三対四でサヨナラ負けを喫し、続くネービーズ（海軍）戦では六対二で延長戦を制した。

だが、捕手の内堀保によれば、「問題はこのあとの二試合、「オール・ハワイアンズ」と「オール・チャイニーズ」の二チームとの対戦」だった。[30] ふがいない内容で、それぞれ一対三、一対二と敗北した。

なぜか？ 緊張の糸がぷっつりと切れてしまったのだ。情けないことだが、チームは一丸となって「もう日本に帰りたい」との意志統一を作り上げてしまった。何とも素晴らしいチーム・ワークである。気も心も日本に飛んで行ってしまって、グラウンドに立つ私たちは、もぬけのカラだった。とにかく気合いが入らないのである。で、あえなく連敗を喫したというわけだ。

だが、複雑な民族関係のなかで日々暮らすハワイの日系人にとって、これはただの敗北以上のことを意味した。内堀は続ける。(31)

日系人の多いハワイの観客が私たちに寄せた期待を、私たちは負けて初めて知ることになる。「オール・ハワイアンズ」戦での敗北はさほどでもなかったが、最終戦の華僑チーム「オール・チャイニーズ」戦に負けたとき、私たちに浴びせられた罵声はすさまじかった。日本の中国出兵が引き金となって勃発した日中戦争によって、ハワイでの日系人と華僑とのあいだに生じた緊張関係に私たちは気づいていなかった。私たちには、日本の代表として中国系チームと戦うなどといった気負いは、これっぽっちもなかった。〔中略〕試合が終わると、「中国系に負けるとは何事だ！」「ジャイアンツは恥知らずだ！」等々のヤジ、怒声がグラウンドを飛び交った。

内堀らにとってこうした日系人の反応は予想外で「観客の騒ぎに私たちは目を白黒させたのだが、私にとっては、あと味の悪い敗戦だった。おそらく他の選手たちも同じ気持ちだったろうと思う」。ただ、ハワイでのこの騒ぎを目の当たりにして、東京ジャイアンツの選手たちは日本への帰国を前に「スポーツ観戦の中に、良からぬ雰囲気が持ち込まれる時代だということを痛感させられた」のだった(32)。

6　職業野球団の二世争奪戦

職業野球への偏見

東京ジャイアンツの北米遠征に続いて、国内のプロ野球球団設立の動きが活発化した。関西では阪神電鉄が名乗りをあげるとライバル会社の阪急電鉄が続き、名古屋では新愛知新聞に対抗して名古屋新聞が球団設立に動いた。

一九三四年一二月二六日　東京ジャイアンツ（読売新聞）
一九三五年一二月一〇日　大阪タイガース（阪神電鉄）

一九三六年一月一五日　　名古屋（新愛知新聞）
一九三六年一月一五日　　東京セネタース（西武鉄道）
一九三六年一月二三日　　阪急（阪急電鉄）
一九三六年二月一五日　　大東京（国民新聞）
一九三六年二月二八日　　名古屋金鯱（名古屋新聞）

こうして一九三五年一二月から三カ月のあいだに新たに六つのプロ野球球団が創設され、全七球団で日本職業野球連盟が結成された。

選手の契約交渉も水面下で進んでいた。ただ当時は「職業野球」を見下すような否定的な意見も少なからずあった。東京ジャイアンツの水原茂は後に当時を振り返って「周囲の事情としては、プロ野球に入るようなやつは就職もできない、どこの会社も雇ってくれない、いわばやくざの道に入ったかのように軽蔑した目で見られていた」と語っている(33)。

二世の獲得競争

こうした風潮のなかでプロ野球を志望する人材は不足し、各球団間で獲得競争が過熱した。

この際に、太平洋をまたぐ野球交流でこれまで培ってきた人脈が活用された。とりわけ、プロ野球に対して比較的抵抗感がすくなく実力も確かな二世たちにスカウトの手がのびることになった(34)。

大阪タイガースは、若林の獲得に乗り出した。若林は一九三五年四月にレコード会社の日本コロムビアに入社し、働きながら同社の実業団チームの川崎コロムビアに所属、エースとしてその年の都市対抗野球で準優勝をしていた。まず東京ジャイアンツから勧誘されたが、契約条件が折り合わなかった。続いて阪急から誘いがあり、その後阪神も獲得競争に加わり、結局、三年契約で月給二五〇円、契約金一万円という破格の条件で阪神と契約した。

この決断に対して、以前全日本チームに誘われたときと同様に妻と義父から反対され、ハワイから広島に戻っていた実母こまには「大学まで出て、どうして玉ころがしなんかするんだい。情けない」と泣かれた(35)。しかし、アメリカのメジャーリーガーのステータスの高さを理解していた若林の決意は固かった。

大阪タイガースの初代メンバーには、もうひとりハワイ出身二世の古川正男が名をつらねている。古川は若林と同じマッキンレー高校の出身で、ハワイ大学を中退後、明治大学に入学して野球部の冬季練習に参加していた。そこでアンダースローの古川に若林が目をつけて契約することになった。

また一九三七年には、カイザー田中義雄がタイガースに入団。若林とはマッキンレー高校と朝日でバッテリーを組んでいた。ハワイ大学を卒業後、ミッドパシフィック高校の数学教師として同校の野球部コーチをつとめ、さらに朝日でも正捕手として活躍していた。ハワイで対戦した明治野球部監督の岡田源三郎の推薦により、三年前に読売新聞から全日本チームへの勧誘の電報を受け取っていたが家庭の事情で断念していた。今回、旧知の仲だった若林からの誘いでようやく日本行きを決断した。

ところで同年、沢村と同郷の三重出身の投手西村幸生が鳴り物入りでタイガースに入団している。彼は関西大学在学中、東京六大学野球が人気実力ともに最高峰とされていた時代に、関西遠征に訪れた五校（東京大学を除く）をつぎつぎと返り討ちにしたいわゆる「東京六大学撫で斬り」で名をあげていた。

その同じ年の一九三二年に創設二年目の関西六大学野球リーグで春秋連覇をしていた関大は、この「撫で斬り」を挟み、翌一九三三年春も関西六大学リーグで優勝、事実上の日本一を達成したとして大学側のはからいでハワイ遠征を実現した。その船上で西村は将来の妻、日系二世の東末子と知り合うことになる。このとき末子は、父母の故郷熊本に住む姉や祖父母を、兄とともに訪ねた帰途だった。関大は一九三六年にもハワイ遠征を行い、その際に西村は末子に三年越しの想いを伝えてプロポーズ、翌年三重で結婚式をあげた。同遠征で関大は二二試合で二〇勝という圧倒的な成績を残したが、そのうち一敗を喫した朝日の捕手は、後に西村がタイガースでバッテリーを組むことになる田中だった。

ライバル関係にあった名古屋と名古屋金鯱のあいだでも選手争奪戦は激しく、双方ともに即戦力の獲得に苦労していた。そこで名古屋は、東京ジャイアンツが北米遠征の際に対戦したLA日本から高橋、松浦、ハリスを獲得した。またマッキンレー高校出身で、LA日本のライバル球団パラマウント・カブスで活躍していた投手バスター・ノースを入団させた。一方、藤村富美男、御園生崇男といった有望選手の獲得に失敗した名古屋金鯱も国外に目を向け、ハワイの朝日で田中とバッテリーを組んでいたスリム平川喜代美を獲得した。

若林の獲得競争で大阪タイガースに敗れた阪急は、堀尾に手を伸ばしていた。東京ジャイアンツを退団した三宅が同球団の監督に就任。サクラメント・セネターズでメジャーリーグへの道の険しさを思い知らされていた堀尾は、東京ジャイアンツ在籍時に実力を高くかってくれていた三宅の誘いにのって再び来日することを決断した。阪急はその堀尾の人脈を通じて、内野の選手層を強化するために、マウイ島日系人リーグで活躍していた上田藤夫を入団させた。また同時期にたまたまアメリカ本土から日本遠征にきた二世チームのアラメダ児野オールスターズからも、フランク山田伝と野上清光を獲得した。

新球団の設立も続いた。一九三七年に後楽園イーグルス、翌年には南海が創設され九球団となった。

イーグルスには、全日本チームの一員だった二世の杉田屋が広島鉄道局から主将として加入した。また一九三八年には若林の紹介により、ハワイの朝日で田中とバッテリーを組んで剛腕投手としてならしたテッド亀田忠が入団した。ニックネームの「ビック・トレイン」はメジャーリーグで四一七勝をあげた快速球投手ウォルター・ジョンソンにちなんだもので、ハワイから来日後も期待を裏切らず、二度のノーヒットノーランと一リーグ時代のシーズン最多奪三振を記録した。新設の弱小チームを背負って連日剛速球を投げ込み、登板がない日には四番サードで出場するという大車輪の働きだった。

忠に限らず亀田家の八人兄弟は野球の才能に恵まれていた。田中がミッドパシフィック高校で教師兼野球部のコーチをつとめていたときに、彼の周旋によって亀田兄弟のうち重雄と俊雄が奨学生として同校に入学した。その後、明治大学がハワイ遠征に訪れた際の縁で、重雄が一九三五年に明治に入学。東京六大学野球ではセカンドを守って六度の優勝に貢献し主将もつとめた。一方、俊雄はミッドパシフィック高校時代からサウスポー投手として注目され、ハワイ大学在籍時に田中からプロ野球入りの誘いを受けてタイガース（登録名は敏夫）に入団した。ほかにもハワイ出身の兄弟選手としては、阪急の上田藤夫の弟良夫が南海と契約して来日した。

一九三七年の秋シーズンには、一二名の二世がプロ野球界に在籍して活躍するようになっていた。このうちアメリカ西海岸生まれの山田と野上の二名を除いて、残りはすべてハワイ出身の二世だった。

日布米交流とプロ野球の誕生

日布米野球交流は、対戦を通じた単発的な出会いにとどまらず、この時期までには国境を越えた野球人同士の深いつながりを育み、それが日本のプロ野球の誕生に大きな役割をはたした。もちろん、一流のメジャーリーガーたちが太平洋を越えてやってきたことは、プロ野球球団設立を促すきっかけの一つとなった。東京ジャイアンツが真新しいプロチームとして決行した北米大陸遠征では、現地の日系人たちから熱烈な歓迎と惜しみない支援をうけた。そして、新たにプロ球団を複数たちあげて選手を集める段階になると、二世の選手たちは貴重な人材として各チームに迎え入れられた。

プロ球団のたちあげに早い段階からかかわった若林と堀尾は、アメリカ野球を知る選手としてだけでなく、日米交流試合や北米遠征では通訳として、また選手確保に苦しむ球団の海外窓口までこなして黎明期を支えた。太平洋上で日本とアメリカの中間に位置するハワイの二世は、まさに仲介者としての役割をはたしていたのである。しかし、日米のはざまに位置する仲介者としての立場ゆえに、後に二世の選手たちは両国関係の悪化に伴って苦渋の決断を迫られることになる。

注

（1）「南加大学東都奮戦記」『野球界』（一九二八年七月）、一二〇。

（2）若林忠志「来朝米国軍の力」『野球界』（一九三一年一二月）、九九。

（3）以下、「うらからみた日米戦」『野球界』（一九三二年一月）、一二六−一二七。頓地進「アメリカ選手の練習見物記」『野球界』（一九三二年一月）、一四四を参照。

（4）以下、対全米チーム戦に関しては、特に注記がない限り、「日米国際大野球戦記」『野球界』（一九三二年一月）、一〇六−一二五を参照。

（5）鈴木惣太郎「リーブ団長の見た日本の野球」『野球界』（一九三二年六月）、一六〇。

(6) 池井優『白球太平洋を渡る―日米野球交流史』(中公新書、一九七六年)、一二四。
(7) 山本茂『七色の魔球―回想の若林忠志』(ベースボールマガジン社、一九九四年)、九一―九二。
(8) 「米国大選手の見る日本球界印象録」『野球界』(一九三二年一月)、八九。
(9) 頓地、一四五。
(10) 池井、一二九―一三〇。
(11) 波多野勝『日米野球の架け橋―鈴木惣太郎の人生と正力松太郎』(芙蓉書房出版社、二〇一三年)、六―九、三〇、七五―七七。
(12) 池井、一三二―一三四。
(13) 波多野、四〇。
(14) 横井鶴城「日米国際戦とリーグ戦」『野球界』(一九三二年一月)、五〇―五一。
(15) 永田陽一『ベースボールの社会史―ジミー堀尾と日米野球』(東方出版、一九九四年)、一四九。
(16) 以下、堀尾に関しては、特に注記がない限り、永田を参照。
(17) 以下、「段違ひ野球風景二題―ルース景気に球場超満員」『野球界』(一九三五年一月)、八五。「ホームラン地帯人間氾濫」『野球界』(一九三五年一月)、九七。「全米軍東都快戦記」『野球界』(一九三五年一月)、一二二―一二三を参照。
(18) 「段違ひ野球風景二題―ルース景気に球場超満員」『野球界』(一九三五年一月)、八五。
(19) 以下の試合経過に関しては、「全米軍東都快戦記」『野球界』(一九三五年一月)、一二六―一二九を参照。

(20) 永田、一四八、一五四―一五五。
(21) 同書、一四九。
(22) 以下、沢村栄治「全日本のプレートを踏んで」『野球界』(一九三五年二月)、一三二―一三四を参照。
(23) ベーブ・ルース「全米軍日本印象録―打主守従を希望」『野球』(一九三五年一月)、一四三。
(24) フランク・オドール「全米軍日本印象録―職業野球団結成が日本野球の向上の路」『野球界』(一九三五年一月)、一四一。
(25) 杉田屋守「日本軍全米印象録―守備について深く考へさせられた」『野球界』(一九三五年一月)、一四一。
(26) オドール、一四一。
(27) 以下、北米遠征に関しては、特に注記がない限り、池井、一四五―一五八。永田『ベースボールの社会史』、一五九―一九三。永田陽一『東京ジャイアンツ北米大陸遠征記』(東方出版、二〇〇七年)を参照。
(28) 「大日本東京野球倶楽部 米国遠征記 市岡監督・二出川主将談」『日布時事』一九三五年六月一三日。
(29) 苅田久徳『天才内野手の誕生―セカンドベースに賭けた人生』(ベースボール・マガジン社、一九九〇年)、一四八。
(30) 内堀保『ニック・ネームはジャイアンツ―我が青春の巨人軍』(誠文堂新光社、一九八六年)、四七。
(31) 同書、四七―四八。
(32) 同書、四八―四九。

(33) 水原茂『華麗なる波乱―わが野球一筋の歩み』(ベースボール・マガジン社、一九八二年)、四五。

(34) 以下の二世の来歴等の事実関係は、永田『ベースボールの社会史』、中村『初代巨人キラー―阪神の名投手西村幸生の生涯』(かのう書房、一九九五年)、西田二郎『関西大学野球部史』(関西大学野球倶楽部、二〇〇五年)、山本、Michael Okihiro, *AJA Baseball in Hawaii: Ethnic Pride and Tradition* (Honolulu: Hawaii Hochi, 1999) を参照。

(35) 山本、一三九。

第5章　太平洋戦争と野球交流の断絶──日米に引き裂かれる二世

1　決断を迫られる二世

野球の日本化

日布米野球交流を礎の一つとして誕生した日本のプロ野球は着実に歩みを進め、各球団が連日熱戦をくりひろげた。一方で、政治的には日米の関係は冷え切り、両国間の緊張は高まっていた。

一九四〇年九月、日本野球連盟[1]は日米関係の悪化を背景に、連盟の綱領の改変を決定した。この改変により連盟の目標はメジャーリーグを相手に「世界選手権ノ獲得」を目指すことかう、「日本野球ノ確立」にかわった。日米交流試合でメジャーリーガーとの実力差を目の当たりにし、彼らに追いつき追い越すことを目指して設立された日本のプロ野球は、国際情勢の変化のなかで当初の目標を捨て去らなければならなかった。むろん、確立すべき「日本野球」なるものは、「精神的にも形式的にも米国臭があってはならない」、つまり「米式野球」との絶縁が前提となっていた。(2)

では、アメリカとは異なる日本独自の野球とはどのようなものか。連盟理事の赤嶺正志はつぎのように主張した。(3)

野球が我が鎌倉時代以前に日本に発生して日本歴史の過程を通して、今日に及んだものとの仮定を標準にして、野球物心の形態を考へて見るなら、其処に歴然として吾々の創造せんとする日本野球の姿が現出する。鎌倉時代の日本には英語も英字も勿論なかった、敵を騙し打ちすることは武士の風上にもおけぬものと蔑すんだ。〔中略〕されば此の時代に発生したりと仮定する日本野球には、英語も英字もあらう筈もなければ、又隠し球式の陥計戦法もない筈である。

こうした前提に基づき、球団名の日本語化、ユニフォームでの英語使用禁止などが行われることになった。たとえば、大阪タイガースは阪神、イーグルスは黒鷲、セネタースは翼へと改名された。また、規則の日本化として敢闘精神を重視し、引き分けの場合は再試合を行って決着がつくまで戦うことが決まった。

連盟による日本化の方針を批判する声もあった。鈴木惣太郎は、ベーブ・ルースの日本招聘や東京ジャイアンツの北米遠征など日米野球交流にかかわってきた経験から、「規則の日本化など無用」として持論を展開した。(4)

連盟は、日本野球の確立といふ言葉を頻りに用ゐてゐるが、日本野球といふものは既に確立されてゐるのである。日本の土地で日本人が立派に咀嚼した野球技を行ってゐるのだから、現在行はれてゐる野球技は既に日本のものであり、日本人のものである。〔中略〕それから日本精神といふもの丶中には、退嬰復古、排外、といふような気分は微塵も存在するわけのものでないと私は固く信じてゐるのだから、彼に学ぶべき美点、優良点があったら、遠慮なしに採って、これを日本人のものにして仕舞へばよろしいのである。こうした同化力の強さは日本が今日世界に雄飛する根幹をなしてゐる所以であるし、これがまた、日本人として誇るべき偉大なる資質の一つなのでもある。

このような考えをもつ鈴木の目には、日本野球に取り込まれて「同化」したもののなかからアメリカ的な要素を発見して取り除くことなど不可能であった。日本野球は国内で純粋培養されたものとしてよりも、日米野球交流の積み重ねを通じて、まさに「彼に学ぶべき美点、優良点があったら、遠慮なしに採って」、アメリカ式のベースボールと交じり合うことによって発展してきた。これまで日米野球交流に長年尽力してきた鈴木には、これは否定しようのない明らかな事実であった。

二世の決断

外国出身の選手たちも、純日本化の標的にされた。連盟が打ち出した日本化の方針には、「外人選手は絶対廃止、但し既存の者は国籍を得させて日本人とする、なほ東亜民族以外の外人は球団に加盟させない」という項目が含まれていた。(5) とりわけ二世に関しては、「米国生れの二世日本人でも米国至上の思念を有するなら、純然たる日本人たらずとして之を拒否するに至るかも知れない」との姿勢を明らかにした。(6)

一方で、アメリカ側も領事館を通じて日本在住の米国市民に対して帰国勧告を行った。緊迫化する日米関係のなかで二世選手たちは、いやおうなく日本かアメリカかの二者択一の選

図１　1940年頃に撮影された二世プロ野球選手の集合写真。後列右から、上田良夫、古川正男、上田藤夫、亀田俊雄、森口次郎、田中義雄。前列右から、堀尾文人、山田伝、左から二人目が若林忠志（後藤鎮平『布哇邦人野球史－野球壹百年祭記念』（文生書院、2004年［野球壹百年祭布哇邦人野球史出版会、1940年］）

択を迫られることになった。(7)

二世の決断はさまざまだった。阪神の若林は、来日した際には二重国籍だったが、直後に日本国籍を離脱してアメリカ国籍のみとなっていた。だが、その後日本で結婚し、妻の房と三人の子どもがいた。プロ野球選手として家族を支える生活基盤も日本にある。結局アメリカ国籍の離脱を決意し、日本国籍の回復届を提出した。若林とバッテリーを組む田中も同じく日本に留まる決断をした。阪急から阪神に移籍した堀尾は日本に残って野球を続けたかったが、カリフォルニア出身二世の妻アイリーン（先妻ヨシの死去後再婚）が帰国を強く主張したため日本を去ることに決めた。

兄弟でさえ選択は同じではなかった。阪急に所属する兄・上田藤夫は日本に残り、南海の弟・良夫は帰国することにした。亀田兄弟も、黒鷲のエースだった忠と阪神から阪急への移籍が決まりかけていた俊雄は共にハワイへ戻ることにしたが、明治を卒業した重雄は日本に残る決断をした。

一九四一年六月一四日、日本郵船に就職した重雄の周旋によって、忠(妻照子と長男寿夫)と俊雄、それに堀尾(妻アイリーンと長男ジェームズ)、フレッド長谷川重一(ミッドパシフィック高校出身・一九四〇年シーズンから黒鷲)が船上の人となった。

兄弟を見送った重雄はその後、真珠湾攻撃の一カ月前に日本海軍に召集された。

問われる忠誠心

この頃から日本では、二世のスパイ行為を警戒して特別高等警察による尾行がはじまっていた。若林は大学時代からの有名人で尾行されることはなかったが、西宮署の刑事が家に立ち寄ったり、二週間に一度は出頭して自らの行動を報告したりしなければならなかった。(8)

『野球界』の座談会で田中は、日本でプレーを続ける二世たちへの厳しい視線を意識して自分たちの決意をつぎのように語っている。(9)

日本にゐる二世は皆な絶対日本人ですね。変りませんよ。みな日本が一番の国と思ってゐますね。絶対に向ふに帰らないといふ気持ちです。僕は両親が向ふにゐますが、自分は一人でこちらで、日本の土地でずっと生活する決心をしてゐます。みんなもそれは覚悟してゐます、向ふに生れても日本男子の精神を持ってゐます。

そして、「向ふにゐる二世」たちについてもこう強調する。「表面ではアメリカに国籍がありますが、内面では日本の国に尽す覚悟でみんな準備してゐる。いざとなって日本の陸海軍が敵前上陸する時になったら、絶対それに加はりますね」。

ここで司会者から「それは頼もしいですな」という相槌をもらうと、田中は二世の苦しい立場もわかってもらいたいと続ける。「二世は一ばん苦しい立場にゐましたね。結局向ふでアメリカの食物を喰べさして貰ってゐるのですから、やはりアメリカ政府のことも思はんければならなかったし」。

ただそれでも日本に残る決意をした田中が繰り返し強調しなければならないのは、二世の日本に対する忠誠心だった。

とにかく日本人といへばアメリカ人に侮辱されてゐます。加州あたりの日本人はチヤンスが来れば絶対やるね。ハワイでもうるさくいはれました。日本人の二世はスパイが多いなんていふ問題が出たのです。本当にアメリカ人になったら日本の籍を切って、二世であるといふ証拠を見せろなどとそれくらゐきつくいはれました。〔中略〕しかし向ふの二世は日本の籍は切っても絶対アメリカ人の心は持ってゐません。心では皆覚悟してゐます。何れも日本男児といふことを意識してゐます。

これまで日本とアメリカをつなぐパイプ役として活躍してきた二世たちは、両国間の緊張が高まると、逆にその仲介者としての立場ゆえにスパイ行為を疑われるようになった。もはや太平洋をつなぐ架け橋としての役割は求められず、どちらの国に帰属するかの忠誠心が厳しく問われた。こうして二世たちは強制的にいずれかの国に閉じ込められることになった。これは日米野球交流の回路が絶たれることも意味した。

2　強制収容所の銭村スタジアム

スパイの疑い

一九四一年一二月七日、日本軍の真珠湾攻撃によって太平洋戦争の幕が切って落とされた。ホノルルのセントルイスカレッジの学生だったドナルド亀田は、その日、「ワイアルアの方から飛行機がやってくるのがみえた」が、「最初は日本の飛行機だとはわからず、アメリカ軍がトレーニングをしていると思った」という。

爆撃後、ドナルドと兄の忠は、アメリカ当局から突然尋問を受けた。亀田家は忠と俊雄の帰布後、重雄が日本で軍隊に入ったことさえ知らなかったが、アメリカ当局は兄弟のつながりを利用したスパイ活動の可能性を疑った。(10) その後彼らは釈放されるが、日本語学校の教師、僧侶、新聞記者など日系社会のリーダーと目された人物の多くはアメリカ本土の収容所へ送られた。その数は約一九〇〇人にのぼった。ハワイでは、アメリカ西海岸のように日系人すべてが強制収容されることはなかったが、これは島の全人口の四割ほどを日系人が占めていたこともあり、労働力不足によるハワイの経済的機能の麻痺が懸念されたためであった。

疑いのまなざしは、亀田兄弟に限らずすべての日系人に向けられた。真珠湾の爆撃後、家宅捜索を恐れて日系人の多くは、天皇の写真や神棚、親族の写真、日本語の本や日記、日本刀など日本関連のあらゆるものを処分した。盆踊りや灯篭流しといった年中行事も取りやめになり、日本語学校など敵国日本を連想させるすべての組織や文化が閉鎖や排斥などの弾圧を受けた。

忠は帰布後も堀尾とともに野球を続けていたが、一二月七日以降、日系人には厳しい制約が課せられるようになった。二人が参加した日系人の代表チーム「朝日」は、日本語の響きを避けて「アスレチックス」へとチーム名を変更した。また、戦時下のハワイリーグの方針に従って民族間の対立を煽るような民族別チーム編成を改め、日系人以外の他民族の選手にも門戸を開いた。さらに、ハワイリーグに所属していないその他の日系人チームの活動はすべて中止となった[11]。

カリフォルニア日系人野球の父

アメリカ西海岸に住む約一二万人の日系人は、一九四二年三月から、強制的に陸軍管轄下の仮収容所に送られ、そこから内陸部に急造された一〇カ所の収容所に移転させられることになった。彼らは仕事を失い、家屋や所持品も一週間ほどで処分させられた。競馬場や家畜展示場などを改造した粗末な仮収容所で数カ月すごした後、窓を黒いブラインドで目隠しした汽車に乗せられ、荒地や砂漠に囲まれた僻地の収容所に送られていった。

わずかな手荷物だけで到着した収容所では、それまで築き上げてきた生活から一変して不自由を強いられた。ただ、ここでも野球は多くの日系人に貴重な娯楽の時間を提供した。とりわけ、「カリフォルニア日系人野球の父」と呼ばれる銭村健一郎の情熱と執念は際立っていた。

一九〇〇年に広島県で誕生した銭村は、七歳のときにおばに連れられて両親が働くハワイに渡り、そこで野球選手として頭角を現した。ミッドパシフィック高校で活躍して朝日に抜擢され、その後一九二〇年にカリフォルニア州フレズノに移り、ここでも野球に打ち込んだ。身体は約一五〇センチで四五キロと小柄ながら、俊敏性を武器に内野手や捕手として活躍した。[12]

一九二七年のメジャーリーグのシーズンオフ、ルースとゲーリックがフレズノに地方巡業にやってくると、地域の選抜選手として銭村を含む四人の二世が選ばれた。エキシビジョンマッチはルースチームとゲーリックチームに分かれ、両チームに地元選手が入るかたちで行われた。ゲーリックチームで出場した銭村は、出塁すると大きなリードから素早い動きで牽

図2　ルー・ゲーリック（左から２人目）とベーブ・ルース（右から３人目）にはさまれる銭村健一郎。1927年10月29日のフレズノでのエキシビジョンマッチ後に撮影（アメリカ野球殿堂博物館所蔵）

制タッチをかわして一塁を守るルースをもてあそび、「つぎに同じことをやったら俺のバットにしてぶん回すぞ。このチビ」と激怒されたという[13]。銭村がこの試合でルースと一緒に撮った写真を日本の報道関係者に送ったところ、来日交渉を依頼されてルースと接触をしたが、高額の報酬を請求されて断念したというエピソードも残る[14]。

また、一選手としてだけでなく、ハワイから多くの二世選手を呼び寄せてアメリカ西海岸の日系人野球のレベルアップにも貢献した[15]。スタクトン大和が若き日の若林を加えて日本遠征した際に同チームの主将をつとめた主田賢三は、コーストリーグでもプロ契約を結ぶなどして活躍したが、そもそもカリフォルニアにやってきたのは銭村の誘いがきっかけで、二人はハワイのミッドパシフィック高校と朝日でチームメートだった。

銭村は精力的に国外遠征も企画し、一九二四年と一九二七年にフレズノアスレチッククラブ、一九三七年にはアラメダ児野オールスターズを率いて日本遠征を実現させている。これらの遠征は銭村の人脈を活用したものだった。最初の遠征は、フレズノアスレチッククラブの創設者で銭村のチームメートだった松本瀧蔵が日本に帰国して明治大学に入学していたことが縁となり、国境を越えた旧友とのつながりが活かされた。[16] その二年後、日本在住のいとこの銭村辰巳が明治野球部に入部するとフレズノの再遠征はさらに容易となった。銭村は日本遠征中も積極的に人脈を広げ、特に法政の藤田信男とは親しい間柄となった。この二人の関係は、藤田監督が率いる法政が初優勝した翌年のアメリカ遠征の実現につながった。[17] ちなみに、若林が優勝投手になった瞬間に球審をつとめていたのは、銭村辰巳だった。[18]

ゼニムラ・スタジアム

ところで銭村は生涯で三つの野球場をつくりあげている。一つ目は、一九二〇年にフレズノのゴミ捨て場の横のグラウンド、そして強制収容以降に、二つ目をフレズノの仮収容所内、三つ目をアリゾナ州のヒラリバー収容所で完成させた。

図３　銭村健一郎が率いるヒラリバーのチームがワイオミング州ハートマウンテン収容所に遠征して試合を行ったときの様子。打者は健一郎の息子ハワード健三（Japanese American National Museum, Gift of Mori Shimada）

ヒラリバー収容所での球場づくりは、一〇代の二人の息子ハワード健三とハーヴェイ健四を手伝わせてはじめた。収容所周辺に広がる荒地で雑草を引き抜く彼らの姿をみて、すぐに野球好きの有志がシャベルを手に集まった。収容所周辺に張り巡らされた有刺鉄線のポールを拝借してバックネットをつくりあげ、グラウンドに芝生、外野フェンスにトウゴマの木を植え、水やりのための用水路も整えた。材木置き場から夜中にこっそり持ち出した木材で観客席も組み上げられた。収容所の監視官は、野球場づくりを見て見ぬ振りをした[19]。

ヒラリバー以外でも、合わせて一〇カ所ある日系人収容所のすべてで球場がつくられ、そのほとんどは有刺鉄線で囲まれた居住エリアの外側の敷地を利用したものだった。ユニフォームは、マットレスカバーを裁縫してシャツやズボンにしたり、農場のポテトつめこみ用のずだ袋を白く脱色してズボンに作り直したりした[20]。「ゼニムラ・スタジアム」が完成すると、一三二のチームをレベルごとに三つのリーグに分けて試合を行った。トップレベルの試合では、収容所の約半数の六〇〇〇人が集まるほどの人気を博し、数少ない娯楽を提供する社交場となった[21]。

収容所外からのチームも招かれた。アリゾナ州チャンピオンに三度なった強豪高校との対戦は、その後数年間語り草となった。銭村がコーチする高校生チームのイーグルスは、予想を裏切る善戦をみせ、試合は延長戦にもつれ込んだ。延長一〇回一〇対一〇の同点で、イーグルスがチャンスの場面で打席に立った銭村の息子健四は、三遊間を抜く強烈なヒット。この劇的な勝利に収容所で観戦していた日系人たちは歓喜した。

戦時中はこうした外からのチームとの対戦以外にも、遠征で収容所の外に出ることも認められ、日系人収容所同士で対抗試合が行われるなど、アメリカ政府側の対応も野球に関しては寛容であった[22]。

軍隊と二世野球チーム

真珠湾攻撃以降、日系人に疑いの目が向けられるなか、アメリカに対する忠誠心を示す必要に迫られた二世たちがとった行動は、アメリカ軍への志願であった。ハワイからは一五〇〇人の日系人兵士の募集枠に対して一万人以上の二世が志願し、終戦までに約一万二〇〇〇人のハワイ出身の二世がアメリカ軍に参加した。

亀田八兄弟からもドナルド、フレッド、ロバートの三人が志願し入隊を許された。日本に残った兄の重雄はすでに召集されて海軍にいた。これによって亀田家は、兄弟が日米の兵士として敵対することになった(23)。

二世を中心に構成された第一〇〇歩兵大隊と第四四二連隊は、戦闘訓練を受けた後に、ヨーロッパの最前線に送られていった。訓練期間中には、二世兵士の野球チームが結成された。ハワイ出身二世を中心に編成された第一〇〇歩兵大隊の野球チームは「アロハ」と命名され、ウィスコンシン州のキャンプ・マッコイ周辺の地元チームと親善試合をして人気を博した。

グリーン・ベイでの試合では、二世たちの戦いぶりに観客は大歓声を送り、地元のアナウンサーが絶賛した(24)。

みなさん、ハワイの選手たちはベースボールがいかにプレーされるべきかをみせてくれています。彼らは本物のプロのように戦い、私たちにプレーのやり方を教えてくれます。この驚きは、一目見れば信じてもらえるはずです。小柄かもしれませんが、一流の大物メジャーリーガーのようにプレーしています。

図4　アロハチームのユニフォーム姿のジョー高田繁雄（右端）（100th Infantry Battalion Veterans Education Center）

マッコイでの訓練を終えてミシシッピー州のキャンプ・シェルビーに移動した後も、アーカンソー州ジェロームの日系人強制収容所に遠征して週末に三試合を行っている[25]。このときは収容所内の二世チームに二敗と苦戦したが、アロハチームのジョー高田繁雄はライトに特大ホームランを打って気を吐いた。

その後ヨーロッパ戦線に向かった第一〇〇歩兵大隊は、北アフリカのオランで第三四師団一六八歩兵連隊の強豪野球チームと対戦している。この試合でも高田は持ち前の打力でホームランを放ったが、これが彼の人生で最後の打席となった。この後、第一〇〇歩兵大隊はイタリア戦線に送られ、一九四三年九月二九日、高田は日系人兵士で最初の戦死者となった。

ハワイとアメリカ本土の二世を中心に構成された第四四二連隊でも野球チームが結成され、かつて若林に日本プロ球界入りを勧められたケネス柏枝が強打で活躍した。しかし、第四四二連隊がイタリアに送り込まれると、一九四四年七月六日、フォッローニカ付近の戦闘で戦死した。彼がキャンプ・シェルビーでの試合で放ったサヨナラのホームランボールは、柏枝家に大切に保管されている。

この柏枝のチームメートには亀田八兄弟のフレッドもいた。ミッドパシフィック高校で投手だったフレッドは、第四四二連隊のチームでも野球を続けた。しかし、一九四四年六月二六日、イタリア戦線のベルヴェデーレで敵の銃撃を胸に受けて帰らぬ人となった[26]。

3 「アメリカ臭」の排除

健全娯楽としてのプロ野球

一九四二年六月、日本はミッドウェー海戦に敗れると徐々に戦況が悪化し、野球に対する締め付けも厳しくなっていった。

翌年四月、文部省から東京六大学野球連盟解散の覚書が通達された。連盟側は受け入れを決定し、プロ野球をはるかにしのぐ人気を誇った同リーグは静かに幕を閉じることになった。このとき学徒体育振興会の野球運営委員長をつとめていたのは、一九〇八年の慶應初のハワイ遠征メンバーだった神吉英三である。かつてホノルルのモイリイリ球場の芝生をみて感動した彼は、ハワイの真珠湾への攻撃を「昭和十六年十二月八日早朝のあの感激」と表現して積極的な戦争協力の姿勢を示し[27]、リーグ解散の方針にも従順にしたがう立場を表明した[28]。

むろんプロ野球界にも戦争の影は重くのしかかっていた。日米開戦前に連盟は綱領を改変し、先に述べた「野球の日本化」以外にも、「健全娯楽の提供」を存在価値として強調していた。

連盟理事の赤嶺はつぎのようにその意義を主張している[29]。

大東亜共栄圏確立と高度国防国家の完成に、全国民は有史以来の緊張が要求される反面、切実なる慰楽が要求されることは、当然のことである。『健全なる慰安に依る強靱なる力』が非常時感の上騰に従って要望される。之に対へて、吾々は最健全慰楽日本野球、を以てする職域奉公の意義を見出すのである。

赤嶺がいうように、野球を娯楽と捉えなおすことはこれまでの認識からすると「相当な冒険」である。実際、連盟理事会の内外でも議論はさかんに交わされ、野球を体力向上の手段とする見方も誤りではないと彼自身も認めている。しかし、プロ野球が「行ふ野球」ではなく「見せる野球」であることを踏まえれば、「体育的価値は間接的である」。したがって、「娯楽」としての価値の強調は、プロ野球の生き残りをかけた最善の選択だと考えられた。

否定される「アメリカ臭」

日米開戦前に「規則の日本化など無用」と主張していた鈴木は、真珠湾攻撃の直後にアメリカのベースボールに対してある決意表明をする。(30)

今や彼等は敵国であり、野球とベースボールとは完全に決別したのである。最早野球に於ては彼等から学ぶ事は何物もない。また学ぶ事を潔しとしない。欲しない。茲に於て、我等野球人には、正鵠にして最も強剛なる野球を、我等の手によって工夫達成しなければならぬ重大責任が課せられたのである。この目標達成のためには、旧套を一新した猛特訓による工夫より外に道がないのである。

プロ野球の生き残りのためには、鈴木が以前論じたような「彼に学ぶべき美点、優良点があったら、遠慮なしに採って、これを日本人のものにして仕舞へばよろしい」という主張はもはや許されなくなった。むしろ、「敵国」起源のベースボールとの差異を強調し、野球の日本らしさを明らかにする必要に迫られたのである。

しかし、アメリカとは異なる日本野球らしさは、「すでにある」ものとしてよりも、今後「めざすべき」ものとして語らなければならない困難がつきまとった。たとえば『野球界』の社説は、アメリカ人やイギリス人が唱える「スポーツ精神」（スポーツマンシップ）とは異なる「日本独自の国家的精神力」の重要性を説いた(31)。

この社説によれば、野球においては、一球一打も、自己の技術向上や試合の勝敗、あるいは人気獲得といった「スポーツ的気持ち」に基づくものであってはならず、「『自分は陛下の醜の御盾となる立派な日本人たるために』と、意気と熱との綜合された日本精神によって為すべきである」。この日本独自の国家的精神の下に野球を実践すれば、たとえアメリカのルールに従って練習や試合を行ったとしても、「それらの至るところに、アメリカ臭のはなれた、日本人的の野球が表現されて来る筈である〔傍点は筆者による〕」。

日本野球を体現する人物として、金鵄勲章を受章した阪神の上田正がもてはやされたこともあった。広島出身の上田は、一九三七年春にタイガースに入団するとその年に召集され、日中戦争では工兵隊の分隊長として数度にわたる敵前上陸、渡河によって武功をあげた。一九四一年に阪神に復帰した後に勲章についてたずねられると、「上官の命令をそのまゝ遂行して異背なからんとしたことが、その平凡なことが、金鵄勲章拝受の名誉をもたらしたものと思ひます。私には戦功などはありません。野球においても監督の命令に服し任務を果たすことを教へられたが、それが軍人精神としても立派なものです」と答えた。この記事を書いた半田忠夫は、「こうした、野球の持つ美点を極度に高く表現してこそ、日本野球の使命は達せられ、興廃を賭した国家的難局に、堂々存在を主張することができる」として、上田の武功に結び付けて日本野球の存在意義を強調した[32]。

野球を擁護する声は、国内に限らず、戦地の最前線からも聞かれた。摂津茂和は、後に『徳川家康』のベストセラーを書いた山本壮八らとともに日中戦争の従軍作家として戦地で四〇日間を過ごした[33]。

彼は従軍中、広場さえあれば嬉々として野球を楽しむ海軍陸戦隊員や陸軍将校らの無邪気な姿を目撃したという。「それはもう完全に日本人の血で楽しんでゐる野球の姿であった」。その経験をもとに「日本人の手」による野球をこう擁護した。

野球は今や日本人在る処必ず野球ありと云ってゐゝ位立派に日本のものとなった。野球はアメリカ製だなどといふ感情論なんかもういゝ加減止めるがよろしい。米国人に依って行はれる野球が下司っぽいのは、野球の罪ではなくて人間が軽佻浮薄だからである。その証拠は、ひとたび日本人の手で行はれると、あんなにも素朴になるではないか。

プロ野球選手の召集

この時期、プロ野球選手たちは容赦なく軍隊に召集されていった。スター選手も例外ではなかった。当時プロ野球の大看板だった沢村栄治が一九三八年に召集されて入隊。軍隊では手榴弾投げ競争に駆り出されて七八メートルの記録を残したりしたが、武漢攻略戦の際に敵弾で左手を貫通する傷を負うなど激戦を経験した。

沢村は一九四〇年に球界に復帰すると、七月に自身三度目となるノーヒットノーランを達成し、シーズンを通して九勝（六敗）をあげた。しかし、過酷な軍隊生活の影響は隠せず、睡眠障害に悩まされたり、練習中にマラリアの後遺症で倒れたりすることもあった。ピッチングスタイルもかつてのオーバースローからの剛速球は鳴りを潜め、サイドスローの技巧派への転向を余儀なくされていた。

一九四一年、二度目の召集でパラオからミンダナオ島ダバオに送られて戦闘に参加し、その後一九四三年にプロ野球に復帰したが、二度の兵役によって身体は蝕まれ、シーズンを通して一勝もあげられなかった。

翌年のシーズン前、沢村は巨人から無情にも解雇を言い渡された。失意のうちに三度目の召集をうけ、一九四四年一二月二日にフィリピンへと向かう途中、台湾沖でアメリカの潜水艦によって撃沈され戦死した。二七歳だった。

沢村は三度の召集によって人生を狂わされたが、プロ野球選手の軍隊経験は一様ではなかった。苅田久徳は、ほかの選手がつぎつぎと召集されるなかで、「苅さんだけ、どうして赤紙がこないんだろう。なにかうまい方法でもあるの」と周囲から不思議がられていた[34]。

後にわかったことだが、一九三四年にフィリピンでの極東選手権に出場した際に、パスポートの手続上の誤りでフィリピンに残留のままの扱いとなり、このため召集を免れていた。

その事実が判明するとすぐに召集令状が届いた。

一九四三年八月、三二歳で入隊すると、年下の二〇代の教官から教練でしごかれることを覚悟した。だが、教官からはこう耳打ちされた。

「よくあなたの試合を見ましたよ。苅田さんとご一緒できて光栄です。自分は見て見ぬふりしていますから、危険な演習のときは、適当にやってください。無理しないで結構。ケガなどしないように」

その後出兵命令が下り、中国の蘇州に着任するとこんどはすぐに中隊長に呼ばれた。

「名手苅田が一兵卒じゃみっともないだろう。将校になる手続きをとってやろう」

戦地では本部付の任務をこなして、将校コースの勉強をする余裕も与えられた。翌年に少尉になるが、結局終戦まで一度も前線に出されずに、敵に一発の発砲すらしなかった。

実際、民間で野球が厳しく規制されていく一方で、軍関係者には熱心な野球ファンがいて、終戦まで各所でプレーが続けられていた。たとえば、一九四三年に東京六大学野球連盟が解散して以降も、横須賀の武山海兵団では東京六大学から入隊した元選手たちが紅白戦を行ったり、中学校の野球部が廃部になった生徒が陸軍幼年学校への入学後に野球を許可されたり、兵器補給廠では勤労動員の学生と軍人の対抗試合が行われたりもした(35)。

4　日本プロ野球の休止

レベルの低下

日本のプロ野球界では、一九四〇年に最大一二名（ハワイ出身一一名、米本土出身一名）いた二世選手が日米開戦後の一九四二年シーズンには五名（ハワイ出身四名、米本土出身一名）と半数以下になっていた[36]。

同年、阪神では、若林が選手兼任監督に就任した。また、バッテリーを組む田中はキャプテンとなり、二世の二人がチームを率いることになった。若林はエースとして二六勝一二敗の好成績を残したが、チームは三位に終わった。戦時中は、プロ野球選手といえどもプレーに集中できる環境ではなかった。若林は朝早くから食糧の配給に並ぶ生活を強いられていた[37]。また、選手たちがつぎつぎと軍に召集されるにつれて、プロ野球のレベルは明らかに低下していった。一九四二年一二月号の『野球界』にはつぎのような記事が掲載されている[38]。

「健全娯楽」のお題目、誠によし。その実が挙がれば、我等愛球家、唯欣然として満悦するのみだが、既に言ひ尽された事ながら最近の「惰性仕合の連続」では、何の健全娯楽といひたい。

とりわけバッティングのレベルの低下が指摘された。兵役を終えて阪神に復帰した藤井勇が三年以上のブランクにもかかわらず打撃のタイトル争いを演じると、野球ファンはこのように嘆いた(39)。

日本野球界の打撃が相当の不振を極めてゐるとは聞いてゐたが、これほどだらしのないものとは気がつかなかった。なぜかと言へば、兵隊帰りの選手が何年ぶりかで登場して来てこれほど手柄を樹てられるほど、他の選手達は打てないのであるから。

アメリカの野球事情に詳しい鈴木もいらだちを隠せなかった。「野球が、技術進歩の深度に於て停滞状態に陥ってゐる事実を残念ながら認めざるを得ない」。そして、「何が日本に於ける打撃進歩を阻害してゐるのか?」。彼は「誤った打撃指導」が根強く信じられているからだとして、こう持論を展開した(40)。

ぐっと昔には科学的の打撃術として尊重された〝鋭く短く振って単安打を狙ふ打法〟が、米国選手によって我々の野球先輩に伝へられると、それを金科玉条と心得て勉励したのはよいが、一方に野球競技の様式も、用具も……それから観衆の希望にも重大な変化を来たしてゐることを見逃したために、激しい打撃術の変化進歩を、この金科玉条によって釘づけの停頓にして仕舞ったのである。

そして、この指導方法で先輩から教えられると、その後輩もまた同じ打撃術を教えるという具合で進歩がなかったが、「その間に、日本以外の地方では、新しい事態に即して、新しい打撃術が生まれて来た。即ち〝渾身の力を腰の捻りに託して長打を狙ふ打法〟がそれである」。

鈴木は、日本野球は時代遅れの「古い〝短打主義〟」のみに執着せずに、「新しい〝長打主義〟」を取り入れるべきだと主張する。しかし戦時下において、この新しい打撃術をうみだした「日本以外の地方」、すなわちアメリカを見本にすべきだと論じることは到底許されなかった。

そこで鈴木は、「日本が現在直面してゐる情勢」を逆手に取り、「今こそ日本野球独特の打撃術を考案工夫すべき」であると説く。彼によれば、「〝肉体的の整調〟のみを狙ふ〝打撃法〟はどうしても旧来の米国流野球思想であるところの強大な肉体を資源とする〝打撃の型〟に囚はれ易」く、「肉体的に劣る日本人野球選手の打撃向上の完全なる資料とすることは出来ない」。だとすれば、物量にものをいわせて戦争に勝とうとするアメリカに対して、日本人が精神力で対抗しているように、「日本人の打撃といふものに就ても、精神力を基幹とする新しい打撃の工夫」が必要となる。具体的には、「肉体的整調」を超越した「打撃の精神科学研究」に基づく「日本独特の打撃術」が求められる。

ただし、「旧来、精神……と言へば精神の鍛練、精神の強剛……といふやうな面にのみすぐ結びつけてのみ考へる癖があるのだが、〝正しく知略をめぐらす〟といふやうな問題も、或ひはまた心理的の問題にしてもこれからの〝打撃の精神科学研究〟」に含むべきだという。

日米野球交流の断絶によってレベルが停滞する日本野球へのいらだち、プロ野球を守るための「日本化」された「精神」野球の提言と、「知略」を含まない単純な「精神主義」への批判。これらの発言は、日米野球交流を推進してきた鈴木の葛藤の深さを反映したものだった。

プロ野球の活動停止

一九四三年三月、軍部から圧力をうけた連盟の理事会は、野球用語の全面日本語化に踏みきった。また、ルールの日本化では、日本精神に反するとして隠し玉が禁止された。打者が一度打席に入ると、審判が試合停止を宣告しない限り、打席を出てはいけないという改正もされた。これは前線で戦う日本軍が敵前で一歩も引かないという姿勢を見習ってのものだった。これ以外にも、野球帽は戦闘帽になってあご紐がつけられるようになった。

「日本語版野球観戦記」は、観客席のファンの会話をもとに、これらの変更がどのように受けとめられていたかを伝えている。野球用語の日本語化では、たとえばストライクは「よし一本」、ボールは「一つ」、三振は「それまで」となった。記事ではこの日本語化に関する観客同士の会話が、三遊間のヒットが出たところからはじまる。[41]

「今のは、〝ヨシ〟だね」

「ヨシってなんだい」

「審判用語に曰く、フエヤー・ヒットは〝ヨシ〟、ファウル・ボールは〝ダメ〟さ」

「なるほど」

そんな声もする。

一死、走者を一塁に置いて、一撃を期待されたが、三番打者は左飛となった。

「今度はヒット・エンド……ぢやない、〝走打〟かな。それとも〝盗塁〟するかな」

「待った」

観客席の対話は仕合と同様に甚だ面白い。

「盗塁はないだらう」

「うん？　だって君、こりやあ敵性語ぢやないぜ」

「しかしだ、盗塁なる語は日本精神に反する。よって、このたび〝隠し球〟の廃止と同様、使用禁止となったのだ」

「ぢや、盗塁……いや、一塁の走者が安打や失策によらず二塁に達した時はなんといふのだ」

「奪塁」

「え？」

「奪塁だよ。新用語は」

「奪塁？、チエッ、奪ふと盗むは、五十歩百歩ぢやないか。そんならいっそ、戦闘精神を高揚する意味で、〝占塁〟とでもすればいゝのに」

「成る程、それもある」

一方、プロ野球の現場も戸惑いを隠せなかった。特に審判員への負担は大きかった。かつて法政大学時代に若林のチームメートで、その後名古屋金鯱の主将、監督を経て審判員に転身した島秀之助も日本語化で苦労した一人だった。たとえば、塁上でクロスプレーがあったときに思わず「アウト」とコールしてから「しまった」と気づいて「ひけ、ひけ」と慌てて言い直したこともあった。「それでも私たち職業野球にたずさわっていた者は、『なんとかして職業野球を残したい』と必死だった」(42)。

一九四四年、決戦非常措置要綱が閣議決定し、戦争遂行に直接貢献しない娯楽は休止させられることになった。「健全娯楽」を存在価値として掲げてきた連盟は、「日本野球報国会」と改称して対応をはかった。選手は軍需工場などに勤務し、野球はその合間に行うことになった。二世の若林も例外ではなく、ほかの阪神の選手とともに阪神電鉄の浜田車庫で働いた。

一九三八年の時点で九つあったプロ野球球団は、一九四一年に名古屋金鯱と翼(東京セネタース）が合併して大洋となって八球団に減っていた。その後大洋の経営は西日本鉄道に移って西鉄と改名したが一九四三年に解散、黒鷲（イーグルス）も一九四二年に大和工作所に経営が変わって大和と改名したがこれも一九四三年に消滅した。

翌一九四四年のリーグ戦は、二球団減の六チームで行われることになったが、それでも選手がつぎつぎと召集されて各球団は選手不足に悩まされた。二世の選手は若林以外にも、田中（阪神）、上田藤夫（阪急）、フランク山田伝（阪急）が残っていたが、シーズン途中に田中が召集された。

一一月一三日、日本野球報国会は、日比谷の東京会館で「一時休止」の声明を出して、連盟結成以来九年間続いた活動を停止した。

5　ジョー・ディマジオの来布

レクリエーションとしてのメジャーリーグ

真珠湾攻撃から約一カ月後、アメリカでもメジャーリーグの開催をめぐって揺れていた。コミッショナーのケネソー・マウンテン・ランディスは、フランクリン・ルーズベルト大統領に手紙を送り、戦時下の「非常事態」のなかで「プロフェッショナル・ベースボールを継続すべきかどうか」について伺いを立てた。

ルーズベルトは、大統領として始球式九回の最多記録を保持するほどの熱烈な野球ファンだった。手紙を受け取ると、最終的な決定権はコミッショナーとクラブのオーナー側にあると前置きしつつ、自身の個人的な意見としてこう返信した(43)。

率直にいって、野球を続けることが国家にとって最良であろうと感じている。失業者は減り、誰もがより過酷な長時間労働を強いられることになるだろう。そうだとすれば、彼らはレクリエーションの機会、仕事を忘れるための機会を、これまで以上にもつべきである。

この手紙のやり取りでは、日本の場合と違って、ベースボールの「アメリカらしさ」は何ら問題にならなかった。しかし、戦時下での「プロフェッショナル・ベースボール」の継続を正当化するために、くしくも敵国日本と同様にアメリカでも娯楽的な「レクリエーション」としての価値が強調された。大統領は、昼間働いている人が楽しめるように「ナイト・

ゲーム」を増やすことまで提案している。

また、メジャーリーグへの批判をかわすために、これも日本と同様に、選手の兵役の義務は当然のものとされた。ルーズベルトはこう続けている。「あなた〔コミッショナー〕も同意すると思うが、軍隊に適齢の選手は、疑問の余地なしに、入隊すべきである。高齢の選手がプレーすることによってチームの質が低下してしまったとしても、このスポーツの人気が陰ることはないだろう」。

実際、この年からメジャーリーグのレベルは著しく低下していった。第二次世界大戦中に従軍したメジャーリーガーは五〇〇人を超え、ジョー・ディマジオ、テッド・ウィリアムズ、ボブ・フェラーといったスター選手たちがつぎつぎと入隊した。このためメジャーリーグは徴兵前の青年や全盛期をすぎたベテラン、あるいは入隊に不適合と判断された選手に頼らざるをえなくなっていった。マイナーリーグの選手も四〇〇〇人以上が従軍し、一九四〇年に計三一〇チームで四四のリーグが存在したのが、一九四三年には計六六チームで九つのリーグにまで減少した(44)。

一方、ハワイでは思わぬことが起きていた。ハワイ球界史上、最高レベルの野球がくりひろげられ、爆発的な人気を博したのである。

まず、アメリカ本土で入隊してハワイの基地に送られてきたマイナーリーガーたちが、ハワイリーグの各チームに参加してプレーをはじめた。朝日から改名したアスレチックスは、日系人以外に門戸を閉ざすことはもはや許されず、日本のプロ野球帰りの堀尾以外にも、白人選手のエディ・ファンクなど本土出身のマイナーリーガーをむかえ入れた。彼らが原動力となり、一九四二年シーズン、アスレチックスはハワイリーグを制した(45)。

メジャーリーガーと二世

一九四三年になると、ハワイリーグにメジャーリーガーが登場するようになった。

現役メジャーリーガーのウォルト・マスターソン（ワシントン・セネターズ）は海軍チームの投手として、ファンクを擁するアスレチックスと対戦した。この試合は、ホノルルスタジアムに集まった八〇〇〇人の観客が固唾《かたず》を飲む投手戦となり、ファンクは七回まで一本のヒットも許さなかった。しかし、八回裏、もう一人の現役メジャーリーガーのジム・グリーソン（シンシナティ・レッズ）が放った海軍唯一のヒットがホームランとなり、マスターソンと互角に投げ合ったファンクは惜しくも金星を落とした(46)。

第二次世界大戦後に読売ジャイアンツで活躍することになるディック柏枝文治は、この試合に代走として出場した。柏枝家の長男ケネスが名選手だったこともあって弟のディックも早くから注目されハワイ球界でエリートコースを歩んできたが、[47] マスターソンのスムーズなフォームから繰り出される速球と制球力を目の当たりにして舌を捲いた。[48] また、朝日でプレーした後にセントルイス高校でコーチをしていたフランシス船井は、とりわけマスターソンの牽制の素早さに感心して研究を重ね、戦後読売ジャイアンツの投手としてマウンドに立つことになるビル西田亨に影響を与えた。[49]

一九四四年、ハワイは空前の野球ブームに沸いた。この年、メジャーリーガーたちが続々とハワイの基地に送られ、軍隊チームの一員としてハワイリーグに登場するようになった。リーグにはこれまでの海軍チームに加えて、陸軍のチームも新たに加入した。なかでもハワイのファンを熱狂させたのは、ヤンキースのジョー・ディマジオだった。五六試合連続安打記録を三年前に打ち立てたディマジオは、

図５　軍服姿でホノルルに降り立つジョー・ディマジオ（ハワイ州立公文書館所蔵）

ルースに代わるヤンキースの大スターとして当時絶大な人気を誇っていた。
六月四日、ハワイリーグ初登場のディマジオをこの目でみようとホノルルスタジアムには二万人を超す観客が詰めかけた。ディマジオは陸軍チームの四番にすわり、対する海軍チームの投手はフィラデルフィア・アスレチックスのボブ・ハリス。ディマジオは三打席目まで完璧に抑え込まれたが、九回の最終打席、大観衆の期待に見事に応えてホームランを放った。[50]
地元紙の『ホノルル・アドバタイザー』は、「ボールはレフトの観客席からスタジアムを飛び越え、アイゼンバーグストリートまで達した。四三五フィート〔一三三メートル〕の強打で、素晴らしい試合でのスリル満点のクライマックスだった」と興奮を伝えた。[51]
メジャーリーガーがハワイに押し寄せてきたことにより、二世の選手たちはハワイリーグでの対戦や練習を通じた交流、あるいはプレーぶりを生で観戦して刺激を受けた。
船井がコーチをつとめるセントルイス高校で投手だったハリー北村は、ディマジオの打撃練習でバッティングピッチャーとしてマウンドに立つチャンスをえた。[52] 彼のボールはクセ球で微妙に変化した。バッティングボックスのディマジオが叫んだ。
「おい、何をたくらんでいるんだ」
打撃練習にもかかわらず、北村が意図的に変化球を使ってディマジオを打ち取ろうと挑んできたと勘違いしてのことだった。

ちなみに、北村家の自宅はホノルルスタジアムの真横で、試合の日は一塁側へのファールボールが家の裏庭によく飛び込んできた。こうした環境もあって、北村家の三兄弟のエディ、ハリー、ディックは自然と野球に親しむようになった。

長兄のエディは、一九四一年に投手として朝日に選出され、日米開戦によってハワイの民族別のチーム構成が見直されると、朝日から白人中心のワンダラーズに移籍して活躍した。兄に続いてハリーもセントルイス高校卒業後に朝日の投手としてプレーした。

ディックはセントルイス高校の所属リーグでMVPを獲得後、アメリカ本土の大学に進学して野球を続けた。遊撃手として抜群の守備力がメジャーリーグのスカウトの目にとまり、ブレーブス、インディアンス、ブラウンズといった複数の球団から誘いを受けたほどだった。

戦後、ディックは日本に渡って毎日オリオンズに入団して内野の要として鉄壁の守備をほこった。当時、日本の選手は捕球後、必ず一旦しっかりと足を踏ん張って体勢を整えてから送球していたが、ディックだけはランニングスローができた。監督からその技術をチームメートに教えるようにいわれたディックは、「教えても見込みはないよ」と呆《あき》れるほど他の選手とレベルの違いがあったという。

ほかにも、ブレーブス（ポルトガル系が中心）の二塁手として活躍していたジミー和佐は、陸軍や海軍チームのメジャーリーガーたちとハワイリーグで対戦し、彼らの痛烈な打球を処理するなかで、ダブルプレーの技術を向上させた。陸軍チームでセカンドを守るジョー・ゴードンから直接教えを受けたこともあった。ゴードンはヤンキースで主に活躍した名二塁手で、一九四二年にアメリカンリーグで走攻守の三拍子がそろった選手としてMVPを獲得していた。ゴードンにはダブルプレーの際の足さばき、とりわけ右足の使い方の重要さを教わった[53]。

皮肉なことに、戦争によって日本とアメリカの野球交流が断絶するなかで、逆にハワイでは米布の交流が最盛期をむかえていた。それまで新聞やラジオでしか知らなかった本場のメジャーリーガーたちと間近にふれ合うなかで、二世の現役選手はもちろん、コーチや観客、将来を担う子供たちにいたるまで大きな刺激を受けた。かつて日本に遅れをとっていたハワイの日系球界は、日米交流の断絶によって実力を低下させた日本野球とは対照的にレベルを各段に向上させ、戦後の日本プロ野球界に多くの二世選手たちを送り出す素地を整えることになった。

戦争に翻弄された運命

一九四五年八月に日本が降伏して以降も、一部のメジャーリーガーはハワイに残ってプレーを続けた。セントルイス・カージナルスのスター選手だったスタン・ミュージアルは、和佐に協力して地元の子ども向けの野球教室に顔を出したりしたが、やがて彼らも本土へと戻って行った。[54] こうして米布野球交流の最盛期は終焉をむかえた。

第二次世界大戦を通じて、メジャーリーグは選手不足と実力の低下に苦しみながらも、日本のプロ野球のように休止に追い込まれることはなかった。一方で、メジャーリーガーやマイナーリーガー、そのほかにも大舞台で名を知られるチャンスすらなかった数多くの野球選手が従軍し、命を失うものもいた。むろんこのなかには前述の高田、ケネス柏枝、フレッド亀田ら二世の選手たちも含まれる。

戦後、二世を中心に構成された第一〇〇歩兵大隊と第四四二連隊は、多数の戦死傷者と引き換えに数多くの勲章を授与され、二つの部隊はそれぞれ「パープル・ハート大隊」（名誉負傷大隊）、「アメリカ陸軍史上最も多く叙勲された部隊」と称された。二世の帰還兵は、戦後はGIビル（復員兵に対する大学教育資金や住宅資金の給付を定めた復員兵擁護法）により大学へ進学するなど、社会進出を遂げる日系人の先駆者となっていく。

フレッド亀田の兄のドナルドは、第四四二連隊の兵士としてヨーロッパで激戦を経験したが、フィリピンで軍事情報局配属になった弟のロバートと共に、命を落とさずに終戦をむかえた。戦後、ようやく重雄との再会がかなって戦時中の経験談を交わすと、実は同時期にヨーロッパでニアミスしていたことがわかった。ドナルドが地中海を輸送船で渡っているとき、ちょうど重雄は日本軍の潜水艦で旋回中で、知らずに実弟を魚雷で撃ち落としていた可能性もあった(55)。

ちなみに、重雄は戦後、日本航空に入社し、後に同社専務、ジャルパック取締役会長を務めた。国際線の知識と英語力で米州地区の支配人として活躍し、日本の国際化に貢献した。二〇〇四年、その功績が認められ日本国際ツーリズム殿堂入りを果たしている。

注

（1）一九三九年に日本職業野球連盟から日本野球連盟に改称し、一九三七―三八年の春・秋の二シーズン制から一シーズン制となった。
（2）赤嶺正志「日本的野球の確立」『野球界』（一九四〇年一二月）、一六八。
（3）同記事、一六八―一六九。
（4）鈴木惣太郎「職業野球革新強化のために」『野球界』（一九四〇年一二月一五日）、一一〇。

（5）「職業野球の大転換―綱領の革新的日本化」『野球界』（一九四〇年一〇月一五日）、九八。

（6）赤嶺、一六九。

（7）以下の二世の決断に関する記述は、永田陽一『ベースボールの社会史―ジミー堀尾と日米野球』（東方出版、一九九四年）、二六四―二六八。山本茂『七色の魔球―回想の若林忠志』（ベースボール・マガジン社、一九九四年）、一八五―一八七。Will Hoover, "World War II Split Brothers Between Japan and America," *Honolulu Advertiser*, August 14, 2005 を参照。

（8）山本、一八七―一八八。

（9）以下、「春季日本野球闘将座談会」『野球界』（一九四二年五月）、一三八を参照。

（10）Hoover.

（11）永田、二八〇、二八五―二八六。Michael Okihiro, *AJA Baseball in Hawaii: Ethnic Pride and Tradition* (Honolulu: Hawaii Hochi, 1999), 33, 39.

（12）Bill Staples, Jr., *Kenichi Zenimura: Japanese American Baseball Pioneer* (McFarland, 2011), Chapter 1. David Davis, "A Field in the Desert That Felt Like Home: An Unlikely Hero Sustained Hope for Japanese-Americans Interned in World War II," *Sports Illustrated*, November 16, 1998.

（13）このときバットボーイをしていたアル・ビーア（Al Bier）の記憶では、銭村は牽制で帰塁できずにアウトにされていて、銭村自身の証言とは異なる。詳細は Staples, 68-69 を参照。

（14）Ibid., 70.

（15）Ibid., 36-37. 永田、一六七。

（16）Staples, 31によれば、銭村と松本は縁戚関係だった可能性が高い。
（17）Ibid., 48-50, 58-67, 81-82.
（18）本書三章を参照。
（19）Kerry Yo Nakagawa, *Through A Diamond: 100 Years of Japanese American Baseball* (San Francisco: Rudi Publishing, 2001), 83, 86.
（20）Ibid., 79, 90. Sayuri Guthrie-Shimizu, *Transpacific Field of Dreams: How Baseball Linked The United States and Japan in Peace and War* (Chapel Hill: University of North Carolina Press, 2012), 194.
（21）Kerry Yo Nakagawa, "Zenimura Field," *Nekkei Heritage* IX (2) (Spring 1997), 12-13. Nakagawa, *Through A Diamond*, 86.
（22）Nakagawa, *Through A Diamond*, 90.
（23）Hoover.
（24）Okihiro, 41.
（25）以下、高田と柏枝に関しては、Okihiro, 41-42. Nakagawa, *Through A Diamond*, 93-94を参照。
（26）Okihiro, 42. Hoover.
（27）神吉英三「大東亜戦下の野球」『野球界』（一九四二年一二月）、八五。
（28）中村哲也『学生野球憲章とはなにか―自治から見る日本野球史』（青弓社、二〇一〇年）、九六。
（29）赤嶺、一七〇。

(30) 鈴木惣太郎「戦時日本野球論」『野球界』(一九四二年一月一五日)、一二九。
(31) 以下、「大東亜戦争一周年を迎へて」『野球界』(一九四二年一二月)、九-一〇を参照。
(32) 半田忠夫「純正日本野球建設の提言」『野球界』(一九四二年一二月)、一一四。
(33) 以下、摂津茂和「冷汗野球譚—野球戦線」『野球界』(一九四二年一月)、六六-六七を参照。
(34) 以下、苅田久徳『天才内野手の誕生—セカンドベースに賭けた人生』(ベースボール・マガジン社、一九九〇年)、一三八-一四二を参照。
(35) 山室寛之『野球と戦争—日本野球受難小史』(中公新書、二〇一〇年)、一七〇-一七四。
(36) 永田、参考資料「戦前戦中に日本プロ野球に登場した日系人選手一覧」。この一覧表では、濃人渉を日系人選手としてカウントしている(父親が広島からハワイへの移民一世)が、ハワイで暮らした経験がほとんどないために除外した。濃人の経歴は、同書、二五〇-二五一を参照。
(37) 山本、一九二。
(38) 市川東四郎「日本野球に明るさを—素人の縦談・横談」『野球界』(一九四二年一二月)、一一三。
(39) 「日本野球回覧板」『野球界』(一九四二年一〇月)、一五六-一五七。
(40) 以下、鈴木惣太郎「日本野球新打撃論」『野球界』(一九四三年二月)、一一〇-一一四を参照。同誌は、戦時中の一九四三年から一九四四年にかけて、誌名を『相撲と野球』、『相撲界』、『国民体育』と変更した。
(41) 以下、若宮三郎「日本語版野球観戦記」『相撲と野球界』(一九四三年五月)、九八-九九を参照。
(42) 島秀之助『白球とともに生きて—ある審判員の野球昭和史』(ベースボール・マガジン社、一九八八年)、一九八。

(43) 以下、Gerald Bazer and Steven Culbertson, "Baseball during World War II: The Reaction and Encouragement of Franklin Delano Roosevelt," *Nine* 10 (1) (2001), 124-125 から引用。

(44) Ibid., 118. Todd Anton and Bill Nowlin, eds., *When Baseball Went to War* (Chicago: Triumph Books, 2008), 7-8.

(45) 永田、二八七-二八八。

(46) 同書、二八九-二九四。

(47) Robert Fitts, *Remembering Japanese Baseball: An Oral History of the Game* (Carbondale: Southern Illinois University Press, 2005), 50.

(48) 永田、二九〇。

(49) "Francis Funai," *Japanese Cultural Center of Hawaii, Oral History Interviews* (July 21 and August 4, 1993), 20, 32.

(50) 永田、二九七-三〇〇。

(51) Bill Kim, "Joe DiMaggio Thrills Record Baseball Mob," *Honolulu Advertiser*, June 5, 1945.

(52) 以下、北村兄弟に関しては、"Francis Funai," 37-38. Okihiro, 59-60 を参照。

(53) "Carlton Hanta," *Japanese Cultural Center of Hawaii, Oral History Interviews* (October 1, 1993), 21. Arthur Suehiro, *Honolulu Stadium: Where Hawaii Played* (Honolulu: Watermark Publishing, 2008), 40.

（54）"Jimmy Wasa," *Japanese Cultural Center of Hawaii, Oral History Interviews* (Incomplete interview, date unknown), 2. Suehiro, 27.

（55）Hoover.

第6章　戦後の野球交流の復活と変容──越境するスポーツ

1　アメリカにならえの時代到来

プロ野球の復活

終戦からわずか三カ月後の一九四五年一一月二三日、はやくも日本でプロ野球が復活することになった。野球道具だけでなく選手も不足していたため、単独チーム同士の対戦ではなく東西対抗戦のかたちをとった。

戦後の混乱のなかで神宮球場に集まった選手のなかには、二世の上田藤夫の姿があった。日米関係の悪化に伴って開戦前に弟の良夫がハワイに帰った後も、藤夫は日本人女性と結婚していたこともあって日本に残り、プロ野球が休止するまで阪急一筋でプレーを続けていた(1)。

この日、プロ野球の復活の舞台にもさっそく駆けつけた。

一方、同じく日米開戦後も阪神でプレーを続けた若林は、疎開先の宮城県石巻市で終戦を知った。戦後、妻の兄で法政時代からの友人でもある本間寅雄とともに、太平洋水産工業、太平洋ランドリー、青葉木工などの会社を起業し、石巻市からの依頼を受けてアメリカの進駐軍との交渉役も引き受けたりして忙しく働いていた(2)。プロ野球復活の第一戦となる東西対抗戦には、若林は姿をあらわさなかった。

しかし、野球への情熱がさめたわけではなかった。この頃、仙台へ進駐してきた第一八空挺師団と、石巻の地元チーム日和クラブの日米親善試合が実現することになった。若林は日和クラブの投手として久しぶりのマウンドに立った。

「若林マイナス野球は0〔ゼロ〕」だと自覚する彼は、試合には負けたものの「自分の強靱な体が、未だ健全でいささかも弱められていないことをうれしく感ぜざるを得なかった」(3)。

翌年、プロ野球の公式戦が再開された。日本野球連盟（日本野球報国会より改称）の副会長に就任した鈴木惣太郎の提案により、アメリカのメジャーリーグを見本に、一年一リーグ制、フランチャイズ制、コミッショナー制の確立などが方針として打ち出された(4)。

リーグ戦開始後の六月、仙台市に引っ越していた若林の自宅に、阪神球団代表の富樫興一が訪ねてきた。復帰を熱心に説得されたが、このときは断った。三八歳という年齢を考えると「気はいくら勝って居っても果して考えて居る丈のピッチングが出来るかどうか」という不安があった。そこで八月にオール法政の東北遠征に同行し、マウンドに立ってプロ復帰のためのトレーニングに充てた⑸。

シーズン終盤の九月二二日の阪神対巨人戦、六回表に投手交代が告げられると、若林がマウンドに登場して後楽園球場は大歓声につつまれた。電撃復帰をはたした若林は、そのまま九回まで投げぬいて阪神を勝利に導いた。

アメリカにならえ

戦時中のプロ野球は、日米交流の断絶のなかで、敵国の「アメリカ臭」を取り除いた「日本野球」を確立することに腐心した。だが戦後、代わって唱えられるようになったスローガンは、「アメリカ野球にならえ」だった。

プロ野球の復活に尽力した鈴木は、一九四六年に創刊された『ベースボールマガジン』に寄せて、アメリカ式のデモクラシーに基づく野球の必要性を訴えた。鈴木によれば、「野球デモクラシイの問題であるが、『野球デモクラシイとはかういふものである……』と定義することは出来ない」。ただ、戦前に軍部から理不尽な「純日本式」の野球を強制された経験を踏まえれば、「日本野球デモクラシイ」の重要性と意義がおのずとみえてくるはずだという[6]。

ほかにも内村鑑三の息子で、当時東京大学教授をつとめていた内村祐之は、一九四九年に『世界最強チーム―アメリカ野球物語』を書いて、この本の目的を「アメリカものの紹介で、日本の野球の進歩に貢献」することであると述べている。かつて一高の名投手として活躍し、後にプロ野球の第三代コミッショナーに就任することになる内村は、同書でとりわけ「日本野球全体を進歩させるといふ大乗的見地から、三宅大輔氏と若林君とかいふ人々を全ティームのコーチに委嘱することが出来ないかと思ふ」と二人を名指しで高く評価した[7]。

慶應野球部の選手として一九一一年にアメリカ遠征に参加した三宅は、東京ジャイアンツ結成時に監督として北米遠征、これ以外にもメジャーリーグや西海岸のコーストリーグの視察を重ねるなど日本で屈指のアメリカ野球通だった。一九四八年には、アメリカ式の新しい打撃技術を解説する『近代打法』を著していた。

一方、若林も戦後、一九四九年に出版された『驚異の野球王国―アメリカ野球の全貌』に序文を寄稿して、「米国の野球は素晴らしい。野球の本場なのだからそれは当然な話に違いないが、人、機構、経営等々、あらゆる点で文句なしに米国の野球は素晴らしい」と手放しでアメリカ野球を称賛していた[8]。

若林は前年の一月に、自ら監修する野球ファン向け雑誌『ボールフレンド』を創刊していた。この雑誌の目的のひとつに「正しき野球を普及せしむる」ことがあげられ、それはとりもなおさずアメリカ野球の普及を意味した[9]。

当時アメリカ式の近代打法を提唱していた三宅もこの雑誌にたびたび寄稿している。三宅は同誌で「『近代打法』に対抗する『近代投球法』」を紹介し、その連載タイトルも「日本の投手もアメリカにならえ」と銘打たれたものだった[10]。

同誌の編集発行責任者の若林による「アメリカにならえ」の主張は、座談会、回顧録などさまざまな形式を取りながら多岐にわたった。たとえば技術面では、日本のプロ野球の走塁に対する意識の低さを指摘した。全力疾走の基本が蔑ろにされている現状を嘆き、戦前に活躍した堀尾のアメリカ仕込みの野球を「凡ゴロ凡フライを打っても必ず走った」、「彼は口ぐせにスライデングする時は相手を殺してもいゝ、位フアイトがなければならないと云って居った」と懐かしんだ[11]。

一九四七年に阪神の監督に復帰した若林は、選手達の監督に対する反抗的な態度に相当な不満をもっていた。ここでも引き合いにだされるのは、アメリカ式の監督論だった。かつてヤンキースのミラー・ハギンス監督に対して、スター選手のルースが反抗的な態度をとった際に、オーナーが直々に「ハギンスはヤンキースで傭って居る監督だからオーナー同様の発言権を持って居る」とルースを諭したことがあった。若林はこの例をあげて、「アメリカなんかはその点監督にはオーナーよりも権限を与へて居ります」、「アメリカに倣ふならこう云ふ事も倣ふ価値があると思ひます」と主張した[12]。

また、選手に対する報酬でも、年功序列ではなくアメリカ式の「実力主義」をとるべきだと球団を批判し、さらに「無理なスケジウルを組んで居る」連盟に対しては、「如何にアメリカ野球に倣へと口先で云っても技量が行詰ってはどうにもならぬ、余裕あり練習も研究をするスケジウルを組む可きだ」と手厳しい提言を行っている[13]。

『ボールフレンド』では、野球に直接かかわること以外にも、若林の妻の房が登場して、東急セネタースのスラッガーで新婚の大下弘との対談が掲載されたこともあった[14]。終戦直後の東西対抗戦で長打を放って鮮烈なデビューをした大下は、それ以降のシーズンもホームランを量産し、短打中心だったプロ野球界に出現した新たなスターとして絶大な人気を誇っていた。

対談では一九四九年に日本で公開されたゲーリックの伝記映画『打撃王』の話題になって、アメリカ式の夫婦関係のあり方から房の夫忠志の人柄にまで話がおよんだ。大下は、「〔日本の諸制度が〕いつまでも封建制の中に満足している。でも若林さんはハワイで育った方だから、他にくらべると開けて居られると思いますが」と話をふると、房は「そうなのです。私の口から随分へンに聞こえるでしょうけれどアメリカ的ない、気質を貰っている様に思えます」と誇らしげに答えている。

前年大下が出演した映画『花嫁選手』の主演女優高峰三枝子を囲む座談会では、阪神の人気選手の藤村富美男と別当薫、そして若林が参加して、「映画野球仲良くアメリカへ倣え」との見出しで今後の両業界がめざすべき目標が語られている。[15]

藤村　高峰さん、どうですか、僕達はアメリカ野球に倣へをモットーに頑張っていますが、貴女達はアメリカですか
高峰　そう、ハリウッドに通じようと張切っています
別当　そして成果は？
高峰　中々道遠しです

藤村　お互ひ様で（一同笑声）

若林　併し、そこへ達するのは不可能ではない、可能な高い目標に向って精進する、それが芸人にとって尊い事だと思ふね

戦前に「純日本化」を目標に掲げた日本のプロ野球界は、連合国軍の占領下において、戦後のスローガンを「アメリカにならえ」に一変させていた。一見矛盾するどちらの主張も、時勢に応じたプロ野球の生き残りには必要なものだったといえる。

プロ野球の興隆

日本中が娯楽に飢えていたこの時期、プロ野球の人気は飛躍的に高まっていった。

戦前に大和と西鉄が解散して以降は六球団になっていたが、戦後、新たにセネタース（→東急フライヤーズ→急映フライヤーズ→東急フライヤーズ）とゴールドスター（→金星スターズ→大映スターズ）の二球団が新設されて、一九四九年まで八球団でリーグ戦が行われていた。

なかでも巨人対阪神戦は人気カードで、一九四九年四月二四日に甲子園球場でダブルヘッ

ダーが行われた際には、八万人の観客が詰めかけ大混乱となった[16]。前売り券が完売でむかえた試合当日、早朝から甲子園行きの増発電車はすべて超満員で、モーターがオーバーロードで焼き切れて停車し、乗客が苦し紛れに窓を打ち割って負傷者が続出した。

甲子園駅では、出口階段に殺到した乗客がなだれを打って倒れ、死者一名、重症者一一名、軽傷者三五名が出る事態に陥った。球場前でも興奮は収まらず、入場をあせって押し寄せた観客が係員を袋叩きにし、八万人の観衆のうち五万人が無料入場者で、午後の試合中にはスタンドから溢れた客がグラウンドになだれ込んで三〇分間試合が中断する騒ぎになった。

戦前のプロ野球は学生野球の人気におされて観客動員で苦戦したが、戦後はファンの心をしっかりとつかみはじめていた。さらなる発展を目論みメジャーリーグにならった二リーグ制が現実味を増してきたのもこの頃で、若林は熱心な提唱者の一人だった。

2　シールズの来日

アメリカ球団招聘の画策

「アメリカにならえ」の標語にもかかわらず、終戦後もしばらく日米野球交流は途絶えたままだった。終戦直後に石巻で若林が進駐軍と日米親善試合を行ったりしたものの、継続的な交流にはつながらなかった。[17] 戦後の日本球界は「本場」アメリカの見本に接する機会に飢えていた。

一九四九年、日本野球連盟のコミッショナーに就任した正力松太郎は、アメリカ球団の招聘や二リーグ制の実現を目標として掲げた。しかし、その提言から間もなく、突然コミッショナーを辞任することになった。当時正力は戦争協力の疑いで公職追放中の身で、これがGHQ（連合国最高司令官総司令部）民政局長のコートニー・ホイットニー少将により問題視されたためであった。[18]

同じGHQでも経済科学局長のウィリアム・マーカット少将は大の野球好きで知られ、正力のコミッショナー就任を認める立場をとっていた。今回は民政局からの反対をやむなく受け入れたが、マーカットはその後の日米野球交流の推進では主導的な役割をはたすことになる。そして彼の副官として実務的な手腕を発揮したのは、カリフォルニア出身の日系二世のキャピー原田恒男中尉だった。

原田は、一九三五年と翌三六年に東京ジャイアンツが二度の北米遠征でサンタマリアに訪れた際に、通訳をつとめたり、地元チームの選手としてジャイアンツと対戦した経験があった。試合後に鈴木からジャイアンツへの入団を誘われて喜んだが、父親の反対で断念せざるを得なかったというエピソードも残る[19]。

ＧＨＱの任務で日本にやってきた原田は、アメリカ球団の招聘に動き出していた鈴木と驚きの再会をした。鈴木の口からは、今回の招聘での意中の人物としてオドールの名前があがった。戦前の日米交流試合での来日経験や、親日家としての人気と知名度が考慮されてのことだった。マーカットの主導のもと、原田がアメリカ政府をはじめ各方面への根回しに走り、結果、オドールが引退後に監督をつとめるサンフランシスコ・シールズの招聘が正式に決定した[20]。

シールズは、アメリカ西海岸のコーストリーグに所属するチームで、実力はメジャーリーグに次ぐレベルとされていた。

内村は、シールズの来日の感激をつぎのように記している[21]。

もし十年前の僕だったら、〔中略〕ベーブ・ルースやゲーリッグやグローブなどの一流選手こそ見たいが、二流どこのコーストリーグを今さら見たってという気持ちがおこったにちがいない。ところが今度シールス来朝の噂さを聞いた時の気持ちは全然ちがっていた。まさにファンにとっては、干天の慈雨という印象であった。戦争で本式のベースボールを観る機会が永いこと出来なかった。この間にベースボールがどんなに変ったろう。

ようやく「アメリカにならえ」の標語通りに、「本式のベースボール」から学ぶことができる。内村は注目したい技術を具体的にいくつかあげている。

バッティングフォームが変って来ているそうだがどんなものだろう、ピッチャーがさかんにスライダーを用いると伝えられるが本当だろうか、日本では長打礼賛にうつつを抜かしてベースランニングや頭脳的作戦を二の次にしているがこれは邪道ぢやなかろうか等々の問題をはっきりさせてもらうために、何というよい企てではないかということが第一に頭に来た。

これまで「本式」の見本に接する機会がないなかで、プロ野球は長打重視の方向性に流れてきたが、それは間違っていなかったのだろうか。アメリカ野球を「正道」として学びつつ、現在の日本野球の実力も知りたい。内村はファンの気持ちをこう代弁する。

しかし同時に、もっとわれわれの興味をひいたのは、戦後隆盛におもむいた日本のプロ野球の実力テストということであった。たった二三年の隆盛で、そんな飛躍的な進歩がある筈がないとは考えながら、ホームランレコードが二十本だ三十本だと聞かされると、何だか長足な進歩をしたような気がするのは人情だし、〔中略〕誰しも現在のプロ野球の実力が、本場のどの辺まで行っているかということを知りたがっていたと思う。

内村によれば、日本のプロ野球の実力を確かめるためには、戦前のようなメジャーリーグのスター軍団では「標準尺度が高すぎて問題にならない。さりとて今さらBクラスやCクラスのものを試験台に連れて来られるのぢや沽券にかゝわる。そこで大リーグに一番近いコーストリーグに比較して見る」のが最も望ましい方法だった。

シールズ来日の興奮

若林も興奮していた。戦前の日米交流試合で親交を深めたオドールとの再会が実現する。

来日前にはオドールから若林に宛てた手紙も受け取っていた[22]。

一〇月一二日、オドール率いるシールズ一行が羽田空港に到着した[23]。空港で待ち構えていたマスコミ各社の記者やカメラマンが飛行機にむかっていっせいに走り出したため、一般のファンもそれにつられて殺到し、ホスト役のマーカット少将が群衆にもみくちゃにされて怒り出す大混乱になった。

騒ぎが落ち着くと、ようやく一行は地上に降り立った。田中絹代ら振袖姿の女優たちが花束を贈ると、シールズの選手のなかには女優にキスでお返しするものいて、「米国のニュース班が、まるで映画のロケでもやっている様な調子で、プレヤーと女優さんとのキッスの仕方がまづいといってやり直しをさせる場面があったりした」。

図1　大群衆のなか銀座をパレードするサンフランシスコ・シールズ（『アサヒグラフ』1949年11月23日号）

オドールは群衆のなかでうしろの方に押されている若林をみつけて引っ張り出して握手した。そして日本語まじりにこうささやいた。

「ヘンリイ！ボゾー！私にいつスキ

ヤキとアツイサケ御馳走してくれるか？」

来日から二日後、オドールを誘って、若林、大映社長の永田雅一、ビクトル・スタルヒン投手（巨人から移籍して当時大映スターズ所属）の四人で料亭で懇親会を開いた。オドールは「とっておきの隠し芸、カードの手品」を披露したりして上機嫌だった。日本のプロ野球の将来についても話し合った。とりわけオドールが力説したのは二リーグ制の必要性で、若林はそれを聞きながら「かねぐ〜抱いている持論の力強い裏附けを得た」ように思えた。

シールズの来日第一戦は一五日、後楽園球場での巨人戦。一三対四でシールズが圧勝した。当日の観客席には日本人だけでなく米軍関係の観客も数多く訪れた。「一塁側に日本人バンド。三塁側に米軍楽隊。〔中略〕コカコラ、アイスクリーム等を売りに歩くし、音楽は陽気に賑やかに。万事本場風」の雰囲気が球場全体を包んでいた。[24]

巨人の中心選手だった川上哲治は、戦後初の本格的な日米親善試合で極度に緊張していた。[25]

「私らでも上ってしまうていた。ピッチャーなんかでも、もう少しスピードを変えろとどなるんですけれども、あの雰囲気に押されて、全然聞えんですものね」

打撃スタイルについては、日米の違いをこう表現する。

「日本のバッティングは押すのが利いているが、向うのは引っ張るですから、きれいだ」

一方で、シールズとの対戦を通じて、「本場」の技術を冷静に受けとめた選手もいた。巨人の千葉茂は、「〔バッティングの〕スタンスが広いのは、これから大分問題にもなり、流行るかもしれない。が私は、日本人には不向きだと思う」として、アメリカ式ならばすべてよいとの立場はとらなかった[26]。

また、当時の日本球界では、シールズの来日前に三宅が提唱したアメリカ式の近代打法がすでに話題になり、阪神のホームランバッターの別当は三宅の理論を読んで参考にしていた[27]。そうした自負心もあってか、別当はシールズの選手がボールから目を離さないことに感心しつつも、「私としては、シールスに学ぶバッティングなどはないと思います」とにべもなかった[28]。

実際、今回来日したシールズは、打撃ではなく、安定した投手力を中心とした守備のチームとして評価されていた。セカンドを守る千葉は、シールズの内野陣の堅実なプレーに見習うべき点を見出していた[29]。

「内野手は両足をそろえて捕球して正確を期している。それより大事なことは、必ず打球を真正面にもってくるということだ。手だけ差し出すという日本式のファイン・プレーはやらない」

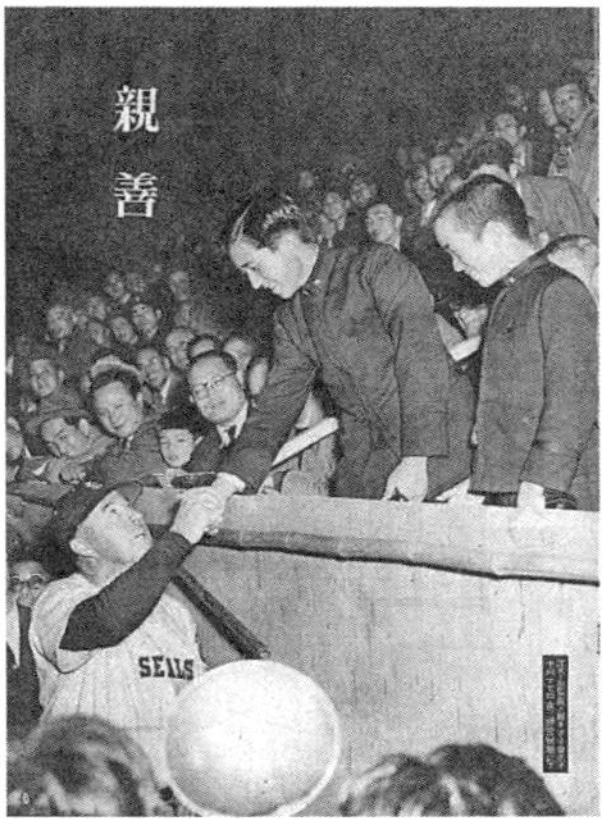

図2　神宮球場で皇太子と握手をするフランク・オドール監督（『アサヒグラフ』1949年11月9日号）

結局、巨人以外にも全日本をはじめ対戦した各チームは歯が立たず、全敗という結果になった。若林も全西軍の投手としてリリーフ登板し、前回オドールが来日したときと同様に通訳や交渉役としても貢献した。

オドール監督は、実は、初戦の前に旧知の鈴木を訪ねて、日本のプロ野球の実力を事細かに質問攻めにするほど勝敗に神経質になっていた。[30] 日程を全勝で終えて、久しぶりに対戦した日本野球の印象を聞かれてこう答えている。[31]

「非常によくなっていると思う。特に守備がうまくなった。外野の守備も上手だ」

戦前に来日したときに改善の必要性を指摘した外野手の守備に対して今回は合格点を与えた。また打撃に関しては、「確かに昔と変わっている。当てるバッティングから、大きなスイングの打法に変って来ている事が分る」が、「日本の打者は腰の回転がスムースに行かず、充分に腰が入っていないものもいる。腰から捻り出すようにして、鋭いスイングが出来るようになればよいと思う」。

さらに改善が求められる点として、走塁があげられている。「走塁はうまい選手もいるが、ランニングということをもっと重視す可きだと思う。凡打を打っても走る習慣をつけることが必要だ」。

3　若林からウォーリー与那嶺要へ

二リーグ分裂

シールズの来日をはさんで、プロ野球界の再編の動きは加速していた。コミッショナーのときに二リーグ制を提唱した正力は、まずは現在の一リーグを維持して二球団を加入させ、その後球団数をさらに増やして二リーグ制に移行すべきだと考えていた。しかし、正力の想定をはるかにこえる早さで事態は進んだ。一九四九年一一月、各球団の思惑と駆け引きが交錯するなかで、日本野球連盟が分裂してセントラルリーグとパシフィックリーグが結成されることになった。

以前から二リーグ制を主張していた若林は、新球団の毎日オリオンズと水面下で交渉をかさね、監督兼投手として移籍した。阪神への愛着はあったが、メジャーリーグを手本とした選手待遇の改善要求は球団側からことごとくはねつけられていた。若林は自らの理想を実現するために毎日への移籍を決断した(32)。

同年の都市対抗野球優勝チームの星野組の主力選手を母体とした毎日は、阪神から若林以外にも、別当、呉昌征、本堂保次、土井垣武、大館勲夫といった選手を引き抜いて戦力の充実をはかった。ちなみに大館はハワイ出身の二世で、若林と同じマッキンレー高校に通った後輩だった。マッキンレーではアメリカンフットボールのランニングバックとして活躍、一九三四年に同校を卒業すると日本にわたって京都の平安中学に入学した。柔道六段の怪力を活かした長打力が魅力で、平安中学OBチームでホームランを放ったことがプロ入りのきっかけになった(33)。一九四九年に若林の誘いで阪神に入団した大館はすでに三一歳で、毎日に移籍後はおもに代打として起用された。

バトンタッチ

一九五〇年シーズン、毎日はいきなりパ・リーグで優勝した。ただ若林は、投手としての成績が四勝三敗で、監督としても実質的に湯浅禎夫総監督が指揮を執ったため、不本意なシーズンとなった。
一方で、セ・リーグの覇者は松竹ロビンスだった。松竹は一九三六年の日本職業野球連盟結成時からリーグに参加した大東京に端を発する球団で、その後チーム名はライオン－朝日－パシフィック－太陽ロビンス－大陽ロビンスと変遷して、一九五〇年から松竹に改称してセ・リーグに参加していた。
この年の松竹は、シーズン五一本塁打の小鶴誠を筆頭に強打者揃いの「水爆打線」を擁してリーグを制した。松竹の小西得郎監督は、史上初の日本シリーズを前に、新設球団の毎日をあざけって「素人のチーム」に負けるはずがないと息巻いていた。[34]
日本シリーズ初戦、来日していたオドール、ヤンキースのスター選手ジョー・ディマジオ、それにマーカット少将が、それぞれ投手、打者、捕手となって始球式を行った。この記念すべき第一戦のマウンドには、大方の予想に反して若林が立った。シーズン二六勝をあげた新人投手の荒巻淳の先発が順当な見方だったが、日本シリーズ開幕戦の約一カ月前に若林は湯浅総監督に自らの先発を直訴した。[35]
大舞台の経験を買われた四二歳のベテラン投手は、試合の立ち上がりから期待に応えて好投を続けた。松竹の「水爆打線」を相手に粘り強く延長一二回を一人で投げぬき、三対二で

図3　日本シリーズ初の勝利投手となって祝福される若林忠志（毎日新聞社提供）

日本シリーズ初の勝利投手となった。
その後第二戦も連勝した毎日は、第三、四戦目は落とすものの、第五戦を勝利、第六戦は若林の救援もあって接戦をものにして、四勝二敗で日本シリーズの初代優勝チームとなった。若林は第四戦にも先発で登板したが勝つことはできず、翌年以降のシーズンも四五歳までマウンドに立ったが勝利にめぐまれなかったため、結局この日本シリーズ第一戦が生涯最後の勝ち星となった。

一九五一年二月、前年優勝チームの毎日を中心としたパ・リーグ選抜の選手たちはハワイ遠征に旅立った。若林と大館はハワイの家族と第二次世界大戦をはさんで感激の再会をはたした。ちょうど同じ時期に、セ・リーグも前年優勝監督の小西のほか、川上（読売）、藤村（阪神）、小鶴（松竹）、杉下茂（中日）の五名がカリフォルニアでのシールズのキャンプに参加する途中にホノルルに立ち寄っていた。

日布米野球交流が本格的な復活を遂げようとしていた。この前年の一九五〇年七月、東京六大学野球の選抜チームがハワイに遠征し、翌年八月にはその返礼として日系人チームのレッドソックスを日本に招いていた。レッドソックスは一九四六年に朝日に次ぐ二つ目の日系人チームとしてハワイリーグに参入し、同年と四八年に優勝、そして五〇年から五六年まで七連覇を達成した強豪だった。来日メンバーには戦時中のハワイリーグでメジャーリーガーとの対戦経験があったジミー和佐やディック柏枝文治らがいた。東京六大学以外にも地方遠征で地域代表チームなどと対戦して一二勝六敗の成績を残し、個人技のレベルの高さが注目された。ハワイ球界の日系人選手たちは、日米開戦で孤立した日本球界とは対照的に、メジャーリーガーやマイナーリーガーとの米布交流で着実に実力をつけていた。

パ・リーグ選抜の一員としてハワイで交流試合を行っていた若林は、ある二世選手に目をつけて声をかけた。若林は帰国後、荒巻からヒットを放ったウォーリー与那嶺要の獲得を毎日に勧めたが球団側は乗らず、この話は立ち消えになった。

しかし、読売が時期を前後して原田を通じて与那嶺獲得の交渉を進めていた。戦前に来日した二世から戦後の来日組へと新旧交代のときは近づいていた。

4　戦後の二世ブーム

与那嶺のデビュー

一九五一年六月一九日、後楽園球場での中日戦で与那嶺は鮮烈なデビューをかざった。読売が二点リードされた七回裏無死ランナー一、二塁の場面、ピンチヒッターとして打席に立った与那嶺は、三塁線にバントを決め一塁に駆け込み見事にセーフ。チームメートの千葉はこのときの様子をこう振り返る(36)。

水原〔茂監督〕さんがピンチヒッターに与那嶺を指名したときの反応が、じつにさわやかだった。「イエス・サー、アイ・トライ」と受けて立つ。〔中略〕そのあとの胸のすくような走りっぷりがまたいい。ドラッグバントというやつだ。あれでジャイアンツの歴史は変わったんだ。打つだけじゃ駄目だ。打つ守る走るの三拍子そろってなくちゃ一流選手とはいえないとね。それがアメリカン・ベースボールだった。

与那嶺は、攻撃的なランニングとスライディングの技術によって「日本の野球を変えた」

としばしば評される。オドールが指摘したように、当時のプロ野球では、アウトになるとわかれば全力疾走をやめる風潮が存在した。「安打性でなくとも一塁まで文句なしに力走するとかいうことは誰でも心得ていることです。けれども、何となくてれくさいような気がして足が動かないのです」（南海・飯田徳治）[37]。

実は日米野球のたびにこの点は指摘され、戦前にはヤンキースのゲーリックが「私は日本に大和魂があると聞いて、これを学ぼうと思って、楽しみにやって来た。だが残念ながら大和魂はどこにもなかった。凡打だと笑いながら一塁に走ってくる選手がいた。私はぶん殴ってやりたかった。大和魂のために」と痛烈な言葉を残していた[38]。

図4　ホームベースにスライディングするウォーリー与那嶺（スポーツニッポン新聞社所蔵）

そこに戦後突如現れた与那嶺の猛烈なランニングとスライディングは、「アメリカ本場仕込み」として日本の選手や観客に衝撃を与えた。松竹の元監督でプロ野球解説者に転身した小西が、与那嶺の来日から五年後の一九五六年に『野球界』に評論を寄せている。すこし長くなるが引用してみよう。[39]

ヨナミネのデビュウは、今日もなお球界の語り草になっている、あのバントでした。それから六年たちました。六年たってもなお日本語もヘタなら、日本での生活にもなじみ切れないヨナミネではあったのですが、ありがたいことには、日本野球にだけは心魂をかたむけ、すっかり身につけてくれました。いやそれ所か、日本の選手にアメリカ野球の範を身をもって示してくれたことはモッケの幸いでした。〔中略〕稀にみる〔アメリカの〕強大なチームや偉大な選手に接しました。そして、野球とは走ることなりと教えられ、みちびかれた事も幾度び、それでもなお且つ、走ればこそ、走りもしなければスライディングを忘れた選手がいつまでたってもタエません。見たり、聞いたりしたその当座は、走りもすれば滑りもしたようですが。ものの一カ月もたつと、もうすっかり元のモクアミ、走らなくなりました。滑らなくなりました。その時、コツ然とあらわれたのが、ウォリー・ヨナミネだったのです。そしてそのヨナミネが、走りました。滑りました。〔中略〕ヨナミネの巨人軍入団は、巨人軍だけのプラスでなくって、日本野球にとって大きなプラスとなった事はいなめない事実でした。

フォーティナイナーズ

与那嶺は一九二五年に、マウイ島オロワルで沖縄出身の一世の父親とハワイ生まれの日系二世の母親の間に次男として誕生した(40)。家庭では、母親は英語で、父親もブロークンな英語で話していたため、日本語を学ぶ機会はなかった。

野球だけでなくスポーツ万能だった与那嶺は、恵まれた体格と足の速さを活かして、次第にアメリカンフットボールに夢中になっていった。「田舎の名選手」として終わることを嫌った彼は、より大きなチャンスを求めてホノルルのフェアリントン高校に転校した。一九四五年六月、高校卒業と同時に入隊したが、二カ月後に戦争が終結。その後、フェアリントン高校ＯＢチームでフットボールに打ち込み、カリフォルニアに遠征中にサンフランシスコ・フォーティナイナーズから熱心な勧誘を受けた。

フットボールの特待生として誘われていたオハイオ大学に断りを入れ、二年間のプロ契約を結んだ与那嶺は、一九四七年のシーズン、フォーティナイナーズの一員としてアメリカ各地のフットボールスタジアムに遠征して活躍した。だが、そのシーズンオフに、ホノルルでプレーしていた野球で左手首を骨折し、フットボールのキャリアは暗転した。傷が癒えないまま参加した二年目のキャンプでは契約解除を通告され、その後ハワイのセミプロチームでも左肩を負傷、フットボール選手としての可能性に見切りをつけざるをえなくなった。

しかしこの一九四九年末、与那嶺にとっては幸運にも、シールズを率いるオドール監督が日本遠征を終えてホノルルに立ち寄っていた。与那嶺は、マウイ時代から野球をはじめて高校卒業後には朝日に選抜されるなど、フットボールのシーズンオフが中心だったとはいえ、野球でも非凡な才能をみせていた。

プロの野球選手として将来を切り開きたい与那嶺は、オドールのはからいにより、シールズのスプリング・キャンプに招かれた後、ソルトレーク・ビーズという（AAA、AA、A、B、Cというレベルのうち一番下の）Cクラスのフロンティアリーグに送られ、そこで一九五〇年の一シーズンを過ごすことになった。若林のいるパ・リーグ選抜と対戦したのは、そのシーズンオフにハワイにもどって朝日でプレーしていたときのことだった。

二世ブーム

与那嶺は来日当初、雑誌のグラビアなどで「アメリカ仕込みのプレーは何ともいえない。ベースランニングの上手さ、打撃の鋭さ。野球とはかくあるべきものとの見本だ」と評されていた。[41]

彼自身も一九五一年のデビュー当時のプロ野球についてつぎのように認識していた(42)。

攻撃的な野球を知らなかった。ヒットを打っても、一塁にはジョギングしていくし、歩いていくことさえあった。ダブルプレーを阻止しようともしなかった。すべてがゆっくりだった。だから自分は攻撃的にやるべきかどうかを迷ったけど、水原さんが「お前がアメリカで学んでやってきたことを日本でもやってみろ」といってくれたので、「オッケー、ぼくには監督の後ろ盾がある」と思ってダブルプレーを阻止したりするようになったんだ。

水原も当時を回想していう。「とにかく〔昭和〕二十六年はよく打ち、よく走った。走るのは、二十四年末にやってきたシールズの影響もあったが、ハワイから戦後はじめてとった与那嶺君の果敢なプレーぶりも、ベテランたちに『与那嶺に負けるな』というファイトを植えつける効果があった(43)」。

与那嶺の成功をきっかけに、日本のプロ野球界にハワイ出身の二世たちが続々とやってくるようになった。読売には一九五二年に広田順とビル西田亨、五三年に柏枝、五四年にダグ

図5　読売ジャイアンツのハワイ出身二世の四人組。左から広田順、ウォーリー与那嶺、ディック柏枝、エンディ宮本（読売新聞社所蔵）

ラス松岡光雄、五五年にエンディ宮本敏雄が入団した。

　他球団も入団年の順番に名前をあげると、小島勝治（五二年・阪神）、ディック北村正司（五二年・毎日）、甲斐友治（五二年・近鉄）、守田政人（五二年・毎日）、ラリー八道勉（五二年・西鉄）、ラリー与儀眞助（五三年・阪神～大映）、渡部満（五三年・近鉄）、ジョージ藤重登（五六年・南海～阪神）、アラン山本（五七年・大映）、スタンレー橋本（五七年・東映～大洋）、カールトン半田春夫（五八年・南海～中日）、ジョージ新田幸夫（五八年・広島）、エディ武井（六〇年・東映）、ディック神谷雅巳（六一年・大毎）などがハワイから日本のプロ野球界入りをした。このうち、西田、渡部、藤重、橋本、柏枝、八道、甲斐、小島らは、一九五一年に東京六大学野球連盟の招待で来日したハワイレッドソックスのメンバーだった。

　さらに、カリフォルニア出身の二世として、五三年にハワード健三とハーヴェイ健四の銭村兄弟が広島カープ入りをしている。父親は広島からハワイ、そしてアメリカ本土に渡って「カリフォルニア日系人野球の父」と呼ばれた健一郎で、戦時中に強制収容所での野球場づくりを手伝わせた二人の息子が健三と健四だった。健一郎が推薦したもうひとりの二世選手の光吉勉とともにシーズン開始後の六月に来日した。

銭村兄弟の付き添いには、日本育ちの長男ハリー健次の姿もあった。健一郎の両親が住むハワイで生まれた健次は、七歳のときに広島に送られ日本で教育を受けたため兄弟とは離れて育った。野球よりもサッカー選手として活躍した健次は、慶應ではキャプテンをつとめ、東洋工業でもプレーを続けた。兄弟が再会したのは、健四がアメリカ兵として朝鮮戦争に従軍中に病気で倒れ日本の病院に送られて入院したときだった。病院にかけつけた健次は、健四が生後八カ月のときにハワイで会って以来の感激の対面をはたした。

その後、五二年八月に健四が太平洋沿岸大学オールスターの一員として来日して日本学生選抜と対戦した際に、東洋工業社長松田恒次が彼の活躍ぶりに目をつけ、兄健次を介してカープ入りが決まった。父親の故郷広島での歓迎パレードは一〇万人が集まる熱狂に包まれた。(44)

日米開戦によって日布米野球交流は一時中断したが、戦前の交流戦で幾度となく行き来して培った日布米球界の結びつきは簡単に断ち切れるものではなかった。プロ野球界が二リーグ制導入という新たな転換期をむかえ、新規参入チームを含む各球団が選手確保に奔走するなかで、ハワイの二世たちは選手不足の解消に貢献した。

すべての二世選手が成功したわけではなかったが、与那嶺、広田、宮本、半田らは人気と実力をかねそろえた選手としてオールスターゲームと日本シリーズの二つの大舞台で活躍した。また彼ら以外にも、たとえば北村のランニングスローなど二世の「本場仕込み」のプレーは、技術的な面で日本球界に少なからず影響を与えた。

なかでも最も影響力があったのは、戦後の二世ブームの先駆けとなった与那嶺だった。チームで与那嶺と一・二番コンビを組んだ千葉は、ホームランを狙って振り回す大味な試合が主流を占めた当時の風潮のなかで、与那嶺の走攻守そろったスピーディーなプレースタイルを目の当たりにし、「これぞ吾が志向した野球、と膝を打って」、「わしは〔ヤンキースの〕ゴードンを理想としているが、どうやっていいのかよくわからん。おまえが舶来の野球を見せてくれ」と語りかけたという(45)。

同じくジャイアンツで不動の四番打者をつとめた川上も、首位打者争いでライバルだった与那嶺のプレーに関して「彼の打撃はウェートの移動が見えないほど素早くて小さい。ボールを正確に打つ。〔中略〕特に足を生かしたベースランニングは日本の野球にプラスする大きな功績があった。〝走塁の始祖〟です」とその価値を認めている。(46)

こうして千葉や川上をはじめとした日本の選手たちは与那嶺のプレースタイルを次第にまねるようになり、与那嶺は「ぼくの仕事は日本人をぼくのようにすることだ」と自負し、(47)二世チームメートの柏枝が証言するように、「決して言って聞かせるのではなく」自ら「繰り返しやり続け」ることで、(48)実際に見本を示して影響を与えていった。

5　混淆するプレースタイル

見習われる日本選手

一九五一年、オドールが総監督としてジョー・ディマジオを中心とした大リーグ選抜チームを結成して日本にやってくることになった。来日後の交流試合では、全パ・リーグが三対一で勝利する番狂わせがあったものの、全成績をみれば大リーグ選抜が一三勝一敗二分けで圧勝した。

『野球界』は、ディマジオを筆頭に、後にヤンキース監督となるビリー・マーチン、アスレチックスのフェリス・フェインとボブ・シャンツ、レッドソックスのメル・パーネルを集めて「日本プロ野球の実力」と題して座談会を開いた。日本のプロ野球選手の印象について聞かれると、彼らは遠慮なしに、投手にコントロールがない、ウォームアップが長すぎる、ダブルプレーで逃げ腰であるなど、日本の選手のレベルの低さを指摘した(49)。

その後、一九五三年に全米オールスターとニューヨーク・ジャイアンツが相次いで来日すると、毎日が全米オールスターに一勝をあげ（全米一一勝一敗）、読売がジャイアンツから勝ち星をひとつあげる（ジャイアンツ一二勝一敗一分）が、日本の選手たちがこれらの勝利を手放しで喜ぶことはなかった。

川上は対戦前に日米交流試合の実情をこう語っている。「われわれが中学チームとやってるようなものだから、弱く打って見たり、キャッチャーのやり方も違うだろうし……。ほんとうの物見遊山で来るんだからね」。川上にとっては、実力差のある日米の対戦よりも、メジャーリーガー同士で試合をやってもらってそれを観戦する方が価値のあることだった(50)。

この二年後、一九五五年に来日したヤンキースとの対戦では、日本のチームは一五敗一分けで、スター選手のヨギ・ベラからバッティングの指導を受ける同年の首位打者川上のグラビア写真は、日米の力関係を象徴的にうつし出していた(51)。

しかし翌五六年に、ブルックリン・ドジャースが来日し、初戦でいきなり読売が五対四で勝利、その後全日本チームも三勝をあげると（ドジャース一四勝四敗一分）、「ほんとうに日本のプロ野球も強くなったものだ」、「でき上っていた偶像」、「日本野球も遂に大リーグに近づいて来た。ドジャースなんて案外学ぶところがない」などこれまでの日米野球では考えられなかった記事が紙面をかざるようになった(52)。

一方で、「ドジャースの野球教室」と銘打ったグラビアページが相変わらず掲載され見習うべき手本としてのメジャーリーガーのイメージは再生産されるが、同号の座談会で川上は、「技術は日本が先輩」と題されたくだりで、「〝スライダーの投り方〟なんて、いまさら言われる筋合いのものじゃないです（笑）私の場合はバッティングを主にして聞いたのですが向うのオルストン監督あたり、〝もう君たちはよく知っている〟というようなことを洩らしていたらしい。かえって、いろいろ細かいことについては、こちらのほうが、よくやっているんじゃないかね。聞いてもみても、我々が知っているものばかり」とその内幕を暴露している(53)。

別所は、実際にドジャースの選手から教えを請われたという(54)。

僕ら、教わったというか、話したピッチャーはアースキンとキップの二人だけ。もう一人、スカウトでもありコーチでもあるアル・カンパニスという人〔編集部註・本誌連載〝ドジャースの戦法〟の著者〕〔原文ママ〕がいたけど、この人の話は一般論ばかりで、別に新しいものはなかった。アースキンは〝自分はカーヴとチェンジ・オブ・ペースだけ〟と言ってたけど本当ですね。〔中略〕逆にシンカーはどうして投るんかと向うから聞いてくる始末ですよ。お前のあの球はいい、羨ましいって（笑）〔中略〕コーチも知らなかった。球の握り方、力の入れ方みんなやってみろというんですよ。さかんにやらされた。

日米の教えられる側と教える側というこれまでの関係は、部分的にせよ相互に技を盗み参考し合うものへと変化しつつあった。

模倣

日本のプロ野球界に大きな影響を与えたとされる与那嶺も、実際には日本選手が見習うべき絶対的な見本というわけではなかった。

彼自身が認めるように「日本にはじめてきたときは、カーブを打つのが苦手」で[55]、南海と中日で活躍した二世の半田によれば、ハワイ時代の与那嶺は「インサイドを打ちこなせなかったけど、日本で本当に上手くなった」[56]という。

ハワイ朝日と読売ジャイアンツで与那嶺とともにプレーした柏枝や広田も、「日本に行く前の彼を知っているが、僕のみたところでは弱点のある選手だった。でも日本で驚くほど上手くなった」[57]、「久しぶりで、一緒のチームで、野球を遊んで見ておどろいた。とてもウォリーはプレーが上手くなったからなのだ」と語る[58]。

とりわけファールの技術は千葉から学んだ。一九五三年のある試合で、ヒットで出塁した与那嶺を一塁において、千葉がバッターボックスに入った場面。盗塁のサインで与那嶺は投球と同時にスタートを切るが、そのたびにファールが六、七回と続いた。ベンチに戻って「わざとファールしているの?」とたずねると、千葉は「好きな球が来るまで、くさい球をはじいているのよ」と答えた[59]。この技術に刺激を受けた与那嶺は、千葉の技を身につけるための特訓に取り組み、多摩川グラウンドで休日返上でファール打ちを納得いくまで幾度となく繰り返した。翌年から春のオープン戦ではヒットを捨ててファール打ちに重点を置いて調整を行い、一九五七年のオープン戦では二二打席連続ノーヒットを記録したほどの徹底ぶりであった。

千葉は与那嶺のファール打ちに関してつぎのように回想する。(60)

ウォーリーという男、ちゃっかりしてましてな。吾輩だって、彼からは得るところが多かったけれど、ウォーリーだって、ちゃんと吾輩の専売特許ともいうべき技術を盗みきっておりましたワ。あるとき、「千葉さん、ほんと、ユーのファウル打ちは、ミーのためになったネ。あのテクニックをミーは、じっくり勉強したものネ。サンキュー、サンキューよ」。それはサンキューでしょう。ファウル打ちとあわせて、川上の左打者としてのいいところを盗みとって、〔昭和〕二十九年、三十一年、三十二年と首位打者をとるわ、おまけに三十二年には、MVPまでとるわ、吾輩にはちっとも縁のないタイトルをガパガパ手に入れたのだから、サンキューもいいところですわな。マイッタ、マイッタ。

与那嶺はたしかに「近代的攻法を身をもって示した〝攻撃者〟」であり「舶来」の「真の野球を身につけた」「身近な先達」であったかもしれないが、(61)同時に彼自身が認めるように、

「日本に来てから注意され、なおした点は、数えきれないほどある」一選手として、千葉をはじめとしたチームメートのプレーを模倣することによって日本野球の技を盗み身につけていったのである。[62]

混淆する技術

実際には、与那嶺が日本で身につけた「日本式」の技術は、第二次世界大戦前までの日布米野球交流（三・四章）を通じて、日本の選手たちが「アメリカ式」の技術を熱心に学んで取り入れ発展させてきた延長戦上にある。この意味で「日本式野球」は、純粋に日本式というよりも、アメリカ式のスタイルと混淆しながら形成されてきたものだといえる。

また一方で、本場の「アメリカ式」の見本とされた与那嶺の技術は、「ハワイの日系人式」のスタイルを基礎としたもので、このスタイル自体も、ハワイ球界が「アメリカ式」野球からの影響を多大に受けつつ（一・五章）、日本球界との交流を通じて「日本式」の技術を学び取り入れることで（二章）、いわば日米双方のスタイルが混じり合ってつくりあげられてきたものである。むろん、与那嶺が本土で学んだ「アメリカ式」の野球も、そもそもの起源をたどれば、イギリスやフランスのスポーツ（遊び）のテクニックを組み合わせて考えだされた可能性は否定できない（一章）。

これを踏まえれば、与那嶺が「アメリカ式」の野球の見本となり、また一方で「日本式」の技術を学んだという本章の説明はあまりに単純化されすぎている。むしろ、日米布の野球交流を通じてすでに混じり合っていた技術が、与那嶺を介してさらなる混淆を重ねたと理解すべきだろう。与那嶺をはじめ戦後に来日した二世たちは、第二次世界大戦中に一旦いびつな形で途絶えた日布米の三者間の交流の復活とさらなる深化において、重要な役割をはたしたのである。

注

（1）永田陽一『ベースボールの社会史―ジミー堀尾と日米野球』（東方出版、一九九四年）、二六五。

（2）「若林忠志 プロ野球の想ひ出（16）」『ボールフレンド』（一九四九年五・六月合併）、四四。

（3）同記事、四四。「再びプレートに立って」『ベースボールマガジン』（一九四六年一一月）、三一。

（4）波多野勝『日米野球の架け橋―鈴木惣太郎の人生と正力松太郎』（芙蓉書房出版、二〇一三年）、一三五―一三六。

（5）「若林忠志 プロ野球の想ひ出（16）」、四四―四五。山本茂『七色の魔球―回想の若林忠志』（ベースボール・マガジン社、一九九四年）、二〇九―二一四。

(6) 鈴木惣太郎「野球デモクラシイの問題」『ベースボールマガジン』(一九四六年四月)、一二―一三。
(7) 内村祐之『世界最強チーム―アメリカ野球物語』(羽田書店、一九四九年)、序、一五九。
(8) 日米ウィークリイ編『驚異の野球王国―アメリカ野球の全貌』(日米通信社、一九四九年)、序。
(9) 若林忠志「一年を顧みて」『ボールフレンド』(一九四八年一二月)、七。
(10) 三宅大輔「日本の投手もアメリカにならえ」『ボールフレンド』(一九四八年九月)、一八―二〇。
(11)「若林忠志 プロ生活の想ひ出 (11)」『ボールフレンド』(一九四八年一二月)、三七。
(12)「三原・若林・山本 三監督縦横談」『ボールフレンド』(一九四八年一一月)、一一。
(13) 同記事、一一。「プロ野球縦横断―若林監督に聞く」『ボールフレンド』(一九四八年一〇月)、二四。
(14) 以下、「大下選手若林夫人歓談の記―スラッガー大下とミセス若林の結婚問答」『ボールフレンド』(一九四九年五・六月合併)、二六―二九を参照。
(15)「高峰三枝子を囲んで藤村 若林 別当座談会」『ボールフレンド』(一九四九年一月)、一一。
(16) 以下、「野球と人生放談会―阪神・巨人戦の宵」『ボールフレンド』(一九四九年五・六月合併)、四六。「野球客四七名死傷―甲子園でもみあう」『朝日新聞』一九四九年四月二五日朝刊を参照。
(17) 内田雅也『若林忠志が見た夢―プロフェッショナルという思想』(彩流社、二〇一一年)、一三八―一四〇。
(18) 波多野、一五一―一六六。キャピー原田『太平洋のかけ橋―戦後・野球復活の裏面史』(ベースボール・マガジン社、一九八〇年)、七九―八〇。
(19) 市岡弘成・福永あみ『プロ野球を救った男 キャピー原田』(ソフトバンククリエイティブ、二〇〇九年)、三四–三八。
(20) 波多野、一六六–一七二。
(21) 以下、内村祐之「シールス観戦録」『ベースボールマガジン』(一九四九年一二月)、七〇を参照。
(22) 「日米親善野球試合せまる―オドールより若林へ　空からきた第一信」『ボールフレンド』(一九四九年一一月)、グラビアページ。
(23) 以下、若林忠志「オドール氏との再会」『ボールフレンド』(一九四九年一二月)、一二–一七を参照。
(24) 大和球士「ネット裏放談 第八回」『ベースボールマガジン』(一九四九年一二月)、四七。
(25) 以下、「シールスからわれわれは何を学んだか」『ベースボールマガジン』(一九四九年一二月)、三八–四六を参照。
(26) 「シールスと戦って」『ベースボールマガジン』(一九四九年日米野球総評号)、五七。
(27) 「新春初顔合せ 別当大下対談記」『ボールフレンド』(一九四九年一月)、八。
(28) 「シールスと戦って」、七一。
(29) 同記事、五七。
(30) 鈴木惣太郎「レフティーオドーウルと語る」『ベースボールマガジン』(一九四九年日米野球総評号)、五四。
(31) 以下、「オドール監督の言葉」『野球界』(一九四九年一二月)、四〇を参照。
(32) 内田、一九五–一九六。
(33) 山本、二五七。松木謙治郎・奥井成一『大阪タイガース球団史 一九九二年度版』(ベースボール・

(60) 千葉、二九二。

(61) 出野「プロ野球活躍の跡に拾う 攻撃の巻 セ・リーグ」『朝日新聞』一九五二年一一月一一日朝刊。「打撃王」『ベースボールマガジン』(一九五四年一二月)、グラビアページ。「時の人 セ・リーグ最高殊勲選手に決った与那嶺要」『読売新聞』一九五七年一〇月二四日朝刊。

(62) 「日本のグランドに立ちて七年 与那嶺要」『ベースボールマガジン』(一九五七年一〇月一五日)、一一一。

おわりに

二世ブームのその後

一九六二年に与那嶺が引退して以降、新たにハワイから来日してプロ野球界入りする二世選手はあらわれず、六〇年代前半に二世ブームは終焉をむかえた。

この背景には、ハワイの野球環境の変化があった。一九六一年、パシフィック・コーストリーグのサクラメント・ソロンズがホノルルに移転し、ハワイ・アイランダーズが誕生した。アイランダーズはメジャーリーグの球団と提携していたため、昇格を狙う有望な若手選手をはじめ、マイナー落ちを宣告されて再びメジャー復帰を狙う中堅やベテランの選手がアメリカ本土からハワイにやってきた。アイランダーズに在籍した有名選手には、後にメジャーリーグのシーズン最多本塁打記録を樹立するバリー・ボンズや、日本でも知名度の高いボビー・バレンタインなどがいる。

一方、メジャー昇格に見切りをつけた本土出身の選手のなかから、日本のプロ野球界入りするものがあらわれはじめた[1]。六一年、アイランダーズの初年度シーズンが終わると、前年メジャーリーグのカンザスシティ・アスレチックスで五試合の出場経験があったブルックリン生まれの二五歳のジミー・マクマナス（登録名マック）が、大洋ホエールズと契約をかわして入団した。

続いて、六二年シーズン途中、アイランダーズで結果の出なかったジーン・バック（バッキー）が阪神にテスト入団した。バッキーは六四年に二九勝、防御率1・89の成績で、最多勝利と最優秀防御率の両タイトルを獲得して阪神をリーグ優勝に導き、沢村賞にも選出された。

バッキーが大活躍した六四年には、フィラデルフィア・フィリーズなどでメジャー経験のあったスタン・パリスがアイランダーズから東京オリオンズへ、名門ヤンキースを含むメジャー複数球団を渡り歩いたゴーディ・ウィンドホーン（ウインディ）がアイランダーズを経て阪急入りした。

ほかにも日本で人気者になった選手をあげると、サンフランシスコ・ジャイアンツなどメジャー在籍九年間の実績をひっさげて六八年に阪神入りしたウィリー・カークランドや、サンディエゴ・パドレスでメジャーを経験して七二年から大洋で活躍したジョン・シピンも、日本球界入りする直前にアイランダーズでプレーしていた。

アイランダーズがホノルルを本拠地にすることによって、ハワイはマイナーリーグでくすぶる本土出身の選手たちを日本へと送り出す架け橋の役割をはたすようになった。しかし皮肉なことに、それは日本プロ野球界でのハワイ出身の二世選手の居場所を奪い取ることにもつながった。

メジャーデビュー

日本球界での二世ブームが終わりを告げようとしていた一九六四年、アメリカから日本をにぎわすニュースが飛び込んできた。南海からサンフランシスコ・ジャイアンツ傘下のマイナーチームに野球留学中の村上雅則が、この年の九月に昇格を勝ち取り、日本の選手として史上初のメジャーリーガーとなったのである。村上の留学を仲介したのは、当時ジャイアンツの極東担当スカウトの原田だった。

メジャー昇格後は、九試合に登板、一勝〇敗、防御率1・80の成績で、救援投手としての役割を見事にはたした。村上はこの年と翌年の二年間メジャーに在籍したが、日米球団間の契約上の問題などもあって六六年に南海に復帰した。

一九七〇年代に入ると、ハワイからも二人の日系人メジャーリーガーが誕生した。日系三世のライアン・クロサキとレン・サカタである。二人はともにハワイのカラニ高校でプレーし、投手クロサキ、二塁手サカタという布陣で州選手権を制した。

クロサキはネブラスカ大学に特待生で進学、その後セントルイス・カージナルズと契約し、一九七五年五月に日系人としてはじめてメジャーに昇格した。パドレス戦に救援投手でマウンドに立ち、一回二／三イニングをシャットアウトするデビューをかざった。この年、リリーフとして七試合を投げたが、翌年にマイナーに降格、その後二度とメジャーのマウンドに立つことはなかった。

一方、サカタは高校卒業後、ワシントン州のゴンザガ大学で試合に出場しながら、ハワイの朝日でもプレーを続けた。朝日のきめ細かい「スモールボール」は、「試合のやり方を思い出させてくれた」という(2)。一九七五年にミルウォーキー・ブルーワーズからドラフト一位指名をうけ、七七年七月に日系人二人目のメジャーリーガーとなった。内野のユーティリティープレーヤーとして一一年間でメジャー四球団を渡り歩き、八三年にはボルチモア・オリオールズでワールドシリーズ優勝メンバーになっている。

ハワイ・ウインター・ベースボール

一九九五年、野茂英雄によって日本からメジャーリーグへの扉は再び開かれた。近鉄バッファローズを退団してロサンゼルス・ドジャースと契約した野茂は、五月一日のジャイアンツ戦でメジャーデビューをはたした。野茂が奪三振をかさねて新人王のタイトルを獲得すると、日本から太平洋をわたってメジャーリーグ入りをする選手が相次いだ。

野茂のデビュー以降、二〇一八年までに五〇名を超える日本選手がメジャーリーガーとなった。なかでも際立った成績を残した選手として、イチローは二〇〇四年にメジャーリーグ歴代一位のシーズン最多安打記録を樹立、松井秀喜は二〇〇九年にワールドシリーズを制覇してMVPに輝いた。

ワールドシリーズの舞台に日本の選手ではじめて出場したのは、二〇〇二年の新庄剛志（ジャイアンツ）で、この年以降、〇三年に松井秀喜（ヤンキース）、〇四年に田口壮（カージナルズ）、〇五年に井口資仁（ホワイトソックス）（ワールドシリーズ制覇）、〇六年に田口壮（カージナルズ）（ワールドシリーズ制覇）、〇七年に松坂大輔・岡島秀樹（レッドソックス）（ワールドシリーズ制覇）、松井稼頭央（ロッキーズ）、〇八年に岩村明憲（レイズ）、そして〇九年にＭＶＰを獲得した松井秀喜（ヤンキース）（ワールドシリーズ制覇）と、二〇一〇年に一旦途切れるまで八年間連続で日本出身の選手がワールドシリーズに出場した。

ここに名前をあげたなかでも、新庄、田口、井口、岡島、松井（稼）、それにイチローには実は共通点がある。彼らは日本のプロ野球選手だった若手時代に、ハワイ・ウインター・ベースボールに参加した経験をもっている。

同リーグはアメリカ・日本・韓国のプロ球団に所属する若手有望選手を集めて各国のレギュラーシーズン後に開催されたもので、一九八七年にアイランダーズがハワイから去った六年後の一九九三年に創設され、九七年まで存続した。また、その後再び二〇〇六年から復活して〇八年まで続いた。

各国の選手は国籍に関係なくホノルル・シャークス、ヒロ・スターズ、マウイ・スティングレイズ、カウアイ・エメラルズ（二〇〇六年からはオアフ島内の四チーム）に所属して互いに切磋琢磨した。なかでも、リーグ設立初年度、一九歳のイチローは、デビュー戦でいきなり四打数四安打の二盗塁で、変則的な打撃フォームから鋭い打球を放って注目を集めた[3]。

このリーグに参加した選手のうち、のちにメジャーデビューしたものは一〇〇名を超える[4]。

成功したスター選手にはイチロー以外にも、ヤンキースで松井秀喜とチームメートだったジェイソン・ジアンビや、かつて日本球界で活躍したレオン・リーの息子のデレクなどがいる。また、コロラド・ロッキーズの主軸でリーグを代表する強打者だったトッド・ヘルトンは、ワールドシリーズを共に戦った松井稼頭央と親しかったが、二人はスティングレイズでもチームメートで旧知の仲だった。

地元ハワイ出身の日系選手に注目すると、いわゆる「混血」の日系四世のオナン・マサオカがスターズでプレーした後、ドジャースに昇格してメジャーのマウンドに立った。一方、現役引退後にマイナーリーグでコーチをしていたサカタは、レギュラーシーズン終了後はハワイに戻ってシャークスの監督をつとめた。

このときサカタが熱心にバッティングの指導をした選手にベニー・アグバヤニがいる。彼は一九九三年当時ニューヨーク・メッツのファームでほとんど注目されていなかったが、ハワイ出身であることが縁となってウインターリーグ側が特別に給料を負担して呼び寄せた。九四、九五年もこのリーグに参加したベニーは、かつてアイランダーズでプレーしたバレンタイン監督のもとで九九年シーズンからメジャーに定着、二〇〇〇年にはメッツのワールドシリーズ進出の原動力となった(5)。

バレンタインは、一九九五年シーズンと、二〇〇四年から二〇〇九年にかけて千葉ロッテマリーンズで監督をつとめたが、その際に二軍監督としてサポートしたのがサカタだった。バレンタインの二度目の監督就任と同時に、ベニーも来日してチームの主力打者として打棒をふるい、二〇〇五年の日本一に貢献した。

日米両球界で活躍する選手を輩出したハワイ・ウインター・ベースボールの立ち上げから運営、一時休止後の復活で中心的な役割をはたしたのは、日系三世の実業家ドウェイン・クリスである。ハワイ島の小さなサトウキビプランテーションの町で育った彼は、少年のころから野球の大ファンで、その後ビジネスの世界で成功をおさめ、ハワイ有数の富豪として知られる人物となった。その彼が尽力した同リーグの使命にはこう記されている。

世界の美徳、平和、そして文化の相互理解の夢を、ベースボールを通じて叶える。

注

（1）以下、Nelson Okino, "Hawaiian Players in Japanese Pro Baseball: The End of the Hawaiian Era," *Yakyu*, Winter 1995 を参照。

（2）Rod Ohira, "Every Kid's Dream: To Play for Asahi," *Honolulu Advertiser*, November 7, 2005.

（3）Lance Tominaga, *Catch the Dream: The Story of Hawaii Winter Baseball* (Honolulu: Watermark Publishing, 2006), 87.

（4）Ibid., 92-103.

（5）Ibid., 82-84.

あとがき

この本を執筆するきっかけのひとつに、ハワイ大学で副学長をつとめられていたジョイス津野田幸子先生との出会いがある。当時わたしは大学院生でハワイの日系人の民族的アイデンティティをテーマにフィールドワークを行っていた。その際に知人から先生をご紹介いただいた。

副学長と大学院生には何の共通点もないはずだったが、ともに大の阪神タイガースファンであるという意外なつながりで話が盛りあがった。お話しを詳しく伺うと、彼女の父親はかつて大阪（現阪神）タイガースで投手として活躍された西村幸生氏で、日系二世の妻の末子氏とは、彼が関西大学に在学中にハワイ遠征をした際に出会ったという。偶然にもわたしの学部時代の母校が関西大学であったため、さらに話に花が咲き、ハワイに留学中の二〇〇三年に阪神タイガースが優勝した際には、副学長としての激務のあいだをぬってともに祝杯をあげる機会をいただいた。この頃から、日米交流においてハワイの野球文化と日系人がはたした役割について興味をもつようになった。

その後、前任校から関西大学で新設される人間健康学部への着任などを経て、予想以上に執筆に時間がかかってしまったが、結果的に同大学出版部から拙著を出版することになり、不思議な縁を感じている。

執筆の過程ではたくさんの方々からご協力をいただいた。ここですべてのお名前をあげることはできないが、特にハワイ日本文化センターの資料室で出会ったネルソン・オキノ氏からは、ご自身の貴重な研究成果についてご教示をいただいた。また、野球殿堂博物館の小川晶子氏と茅根拓氏にも国内資料の調査でたいへんお世話になった。出版にあたっては、関西大学東京センター長の竹内洋先生からご親切なご助言をいただき、東京大学大学院総合文化研究科の矢口祐人先生と関西大学人間健康学部の村川治彦先生には出版助成の申請の際に丁寧な推薦状を書いていただいた。

本書は、科学研究費補助金（20700501）と工学院大学総合研究所から資料調査の資金援助を得て、関西大学研究成果出版補助金により刊行されるものである。編集の過程では関西大学出版部の樫葉修氏にたいへんお世話になった。記して謝意を表したい。

大谷翔平のメジャーリーグでの「二刀流」挑戦に一喜一憂しながら

二〇一八年七月

森　仁志

著者紹介

森　仁志（もり　さとし）

東京大学大学院総合文化研究科修了、博士（学術）。工学院大学共通課程外国語科専任講師を経て、現在、関西大学人間健康学部准教授。
専門は、文化人類学、文化史。
著書に、『ハワイを知るための60章』（共著、明石書店、2013年）、『境界の民族誌―多民族社会ハワイにおけるジャパニーズのエスニシティ』（単著、明石書店、2008年）など。

越境の野球史
―日米スポーツ交流とハワイ日系二世―

2018年7月31日　発行

著　者　森　仁志

発行所　関西大学出版部
〒564-8680 大阪府吹田市山手町3丁目3番35号
電話 06(6368)1121 / FAX 06(6389)5162

印刷所　株式会社 図書印刷 同朋舎
〒600-8805 京都市下京区中堂寺鍵田町2

ISBN978-4-87354-679-7　C0021　